カリスマ
人を動かす12の方法

石井裕之●Hiroyuki Ishii

三笠書房

はじめに

▼〝カリスマ性〟を身につける画期的なノウハウ

もし、一瞬にして人の心を奪う〝秘策〟があるとしたら？　そして、もし、メンバーから絶対の信頼を寄せられ、様々な性格や特徴をもつチームメンバーたちを巧みに導き、どこにも負けないチームを作り上げるための〝秘策〟があるとしたら――？

その話に、あなたは耳を傾けてみたいと思いませんか？

たとえそれが、アンダーグラウンドで密かに培われた、詐欺師たちの「騙しの技法」だったとしても……。

書店のビジネス書のコーナーをのぞいてみると、リーダーのための本がたくさん並んでいます。マネジメントコンサルタントの書いた本、会社経営者が自らの体験から説いた本、スポーツチームの監督が語る本、最新の心理学を応用した本……など、実に様々なアプローチが存在します。どの本からも多くを学ぶことができます。

しかし、本書は、他のどのマネジメントの本とも似ていません。まったく異なる観点から書かれたものです。

本書であなたに身につけてもらうスキルは、「コールドリーディング」という技術をベースにしています。「コールドリーディング」とは、ニセ占い師やエセ霊能者などが使う「騙しの技術」です。実際には何の霊感もないし、占いなど勉強したこともない人が、相談者を信頼させ、完全に心酔させてしまうテクニックなのです。

コールドリーディングそのものについては、すでに『一瞬で信じこませる話術 コールドリーディング』およびその続編である『なぜ、占い師は信用されるのか?』(フォレスト出版)、『ビジネス・コールドリーディング』(日本実業出版社)などで紹介してきました。

本書では、このコールドリーディングのノウハウを、健全なるチームマネジメントに活用する方法を紹介します。

もちろん、人を騙すことなどあなたの性に合わない。それは私も知っています。

私はこの技術を、セミナーなどを通じて、会社経営者や学校教育者、医師、第一線で活躍する営業職の人たちにもお話ししてきました。最初は半信半疑で聞いていた人たちも、実践し、理解が深まるにつれて、コールドリーディングの圧倒的なパワーに興奮し、効果を上げてくれています。

だから、私はいたって真面目です。いたって真剣にこの技術をあなたにも伝える意義があると信じています。

考えてもみてください。千円ほどのつまらない壺を数百万円で買わせてしまうほど相手を信頼させることができるなら、それほど圧倒的に人を導くパワーがコールドリーディングにあるのなら、その技術を健全なチームマネジメントに応用したときに得られるメリットは計り知れないはずです。

相手にとって決してプラスにならないことまでも信じ込ませることができるなら、相手が本当にハッピーになれることを信じ込ませることなど造作もないはずです。

誰もが、やりがいのある仕事をしたいと思っている。いがみ合うよりも、協力し合って成長していきたいと思っている。最高のチームで、ワクワクする仕事をしたいと思っている。誰だって、自分のチームには最高のパフォーマンスを上げてほしいと思っている。

リーダーだけじゃない。メンバーのみんながそう思っているのです。

みんなが望んでいることを実現するのと、相手を騙して壺を買わせるのと、いったいどちらが簡単なことでしょうか？　言うまでもありません。

本書には、大きくふたつの目的があります。

①人を動かすために必要なカリスマ性をあなたに身につけてもらうこと。

②チームメンバーたちの特性を一瞬で見抜き、上手に褒め、叱り、効果的に指導するためのノウハウをマスターしてもらうこと。

暗記すべきことなどひとつもありません。本に線を引いたり、ノートをとったりする必要もありません。もちろん、難しいマネジメント用語なども出てきません。

ただ、あらゆる先入観を排除し、できるだけ素直に、丁寧に、私の話に耳を傾けてさえいただければ、このふたつの目的が達成されるように構成されています。

どうぞ最後までおつき合いください。

石井裕之

カリスマ　人を動かす12の方法◆目次

PART 1

「コールドリーディング」を使えば、怖いくらい人を動かせる！

PART 2 なぜ、あの人は圧倒的に人を引きつけるのか？

PART 3 たった12の方法で、あなたにも「カリスマ性」が身につく！

PART 4 部下を効果的に褒め、叱る、「コールドリーディング」活用法

PART 1

「コールドリーディング」を使えば、怖いくらい人を動かせる！

- 「コールドリーディング」とは何か？
- 相手の潜在意識を動かすノウハウ
- このテクニックは両刃の剣である
- なぜ、占い師は信用されるのか？
- いつの間にか相手が心から信じてしまう、このやりとり
- 人は誰でも自分を理解してくれる人を求めている
- あなたの中の「カリスマ性」を呼び覚ます！
- カリスマ最大の武器は「揺れない心」にある

絶対〝悪用〟してはならない、この「心理テクニック」

「コールドリーディング」とは何か?

コールドリーディング（Cold Reading）とは、ニセ占い師やエセ霊能者、詐欺師などが使う騙しの話術です。

「コールド」には「冷たい」という意味もありますが、ここでは「何の準備もなく」「丸腰で」という意味に使われています。「リーディング」とは、「占うこと」「心を読むこと」という意味です。

したがって、「コールドリーディング」とは、「何の下調べもなく、相手の心をその場で読むこと、占うこと」という意味になります。それを、純粋な霊感とか占術ではなく、心理トリックや話術で実現するのがコールドリーディングです。

まったく占いのことなど勉強したこともないし、何の霊感もないのに、相手の心を読み、未来を見通せる力をもっていると信じさせるために、コールドリーダーたちは人の心理の隙間に巧みに入り込む技術を駆使します。

少し前に横行した「振り込め詐欺」のマニュアルにも、コールドリーディング的な手法が随所に使われています。「あんなものに騙される人がいるとは驚きだ」と言う人がいますが、それは外から見ているからそう思えるのであって、自分自身がコールドリーダーの手中に巻き込まれれば、知らないうちに騙されてしまうものなのです。

相手の潜在意識を動かすノウハウ

私は、催眠療法を中心としたセラピーを実践するセラピストです。本来はセラピーとコールドリーディングとは何の接点もないはずですが、使われているテクニックから見ると、そこにはたくさんの共通点があるのです。

セラピーにおいても、さり気ないしぐさや言葉の使い方から、クライアントの潜在意識のメッセージを読み解きます。ニセ占い師やエセ霊能者も、相談者の微細な反応を読み取って指摘し、それを「霊感で当てた」と信じさせるのです。

また、相手の意識ではなく、潜在意識に影響を与える巧みな言葉の使い方も、セラピーとコールドリーディングでは、まったく同じノウハウを使っています。ただ、その用途が異なるだけなのです。

しかし、本来は健全なコミュニケーションに活用すべきこのような心理テクニックが、反社会的なことに使われていることには、以前から疑問を感じていました。

そこで、コールドリーディングという裏の心理術を一般に公開することにしました。それによって、多くの人が「騙されない」ようにすることはもちろん、コールドリーディングのテクニックそのものを、ビジネスや恋愛など、健全な方向に活かす技術へと昇華させたかったからです。

このテクニックは両刃の剣である

コールドリーディングの技法を日本ではじめて体系化した拙著、『一瞬で信じこませる

話術 コールドリーディング』、『なぜ、占い師は信用されるのか？』、およびコールドリーディングのテクニックをビジネスの場で活用するためのノウハウを解説した『ビジネス・コールドリーディング』は、いずれもベストセラーとなりました。

また、テレビや雑誌などでも大きく取り上げられ、「コールドリーディング」という手法も、今では多くの人に知っていただけるようになりました。

しかし、コールドリーディングを、ビジネスや人間関係に活用して効果を上げている人たちがたくさんいる一方、私の趣旨と違ったかたちでコールドリーディングを理解してしまう人たちも、決して少なくなかったのです。

コールドリーディングという非常にパワフルなテクニックを知ってしまったばかりに、「人を意のままに動かすこと」ばかりに意識が行ってしまって、「自分自身を高める」ということをおろそかにしてしまう人がいるという現実を、少なからず私は突きつけられました。

しかし、どんな人間関係も、ビジネスも、やはり「自分自身」を高めていくことに喜びが感じられない限りは、どこかで無理が出てしまうのです。

なぜ、占い師は信用されるのか？

ニセ占い師、エセ霊能者は、コールドリーディングをどのように使うのか？　コールドリーダーは様々なテクニックをもっていますが、本書の論旨を明確にするために、簡単にその一例を挙げてみましょう。次のようなやりとりを見てください。

「あなたが、赤い絨毯が敷き詰められた場所にいる様子が浮かんでいます。心当たりがありますよね？」

「赤い絨毯、ですか？」

「ごく最近のことです」

「あ、先週、久しぶりに映画を観に行きました……新しくできた映画館で……そう言えば、赤い絨毯が敷き詰められていました！」

「そうです。映画館です」

もちろん、実際にはこのニセ占い師は、「最近、あなたは、赤い絨毯の敷き詰められた場所にいた」と言っただけです。「映画館」という情報は、相談者のほうから口にしたのですが、このようなやりとりの中で、「占い師が当てた」と思い込み、「この占い師は、私が先週、映画館に行ったことを当てた」と信じてしまうのです。

あなたもちょっと考えてみれば、「赤い絨毯」から連想される場所に最近、行ったことがあるはずです。パーティー会場かもしれないし、ホテルのロビーかもしれない。「最近」という表現にしても、先月かもしれないし、先週かもしれないし、昨日かもしれない。あるいは、つい先ほどかもしれない。

この「赤い絨毯」という表現――実は、コールドリーダーがよく使います。「赤」は印象に残りやすいからです。「あ、そう言えば、あそこは赤い絨毯が敷いてあった」と思い出してくれやすいのです。

いつの間にか相手が心から信じてしまう、このやりとり

同じような例を挙げましょう。

「今は乗り越えることができたけれども、ごく最近まで、本当にたいへんでしたね。あなたは本当にがんばったと思いますよ」

「……」

「他人には、分からない苦しみですね（深くうなずく）」

「……はい。誰も分かってくれなかったけど、つらかった。自分でも本当によくがんばったなって……（泣く）」

「そうですね」

「このまま彼との関係を続けると、私、ダメになっちゃうと思って……」

「愛する人から去るのは、本当に苦しいことだし、勇気のいることですよね」


このやりとりも、今の「赤い絨毯」と同じ手法です。

辛いことは、誰もが経験する。たいていは、人には分かってもらえない。だからこそ、「でも、私には分かりますよ。あなたが本当にがんばったんだってことが」と言われると、ほろっときてしまう。

「ああ、この霊能者は、私のことを分かってくれているんだ」と心を許してしまう。

もちろん、このニセ霊能者は、実際には何も分かっていなかった。ただ、「大変でしたね」と言っただけなのです。相談者が勝手に、「私が恋人と別れたことを、この霊能者は見抜いていた」と信じ込んでしまうのです。

とくに社会人ともなれば、誰にだって、「今は乗り越えることができたけれども、ごく最近まで、本当にたいへんだったこと、がんばったこと」と言われれば心当たりがあるはずです。

私たちは誰でも、心の底では、「自分のことを分かってくれる人」を求めているものです。だからこそ、コールドリーダーの漠然とした言葉に、自分から「乗っかって」しまうのです。

人は誰でも、自分を理解してくれる人を求めている

どんな詐欺師も、欲のない人や、後ろめたいところのない人を騙すことはできません。

しかし、欲も、後ろめたいところも、何ひとつない人間など、本当にいるでしょうか？

私には、そんな人は思い当たりません。

「振り込め詐欺」でも、最近は、「あなたのご主人が、電車で痴漢をして逮捕された。ついては示談金を……」と言って騙すケースが多いらしい。もし、ご主人が本当に清廉潔白な人だったなら、電話を取った奥さんも騙されることはないでしょう。「うちの主人は、ちょっとエッチなところがあるから……」などと、おそらくちょっとは心当たりがあるはず。だからこそ、騙されてしまうのです。

第一、占い師のところにお金を払って相談に来るような人たちは、「外れてほしい」と思っているはずはありません。疑ってかかっていたとしても、「私が選んだこの占い師は、スゴイ人であってほしい」と、心の底では求めているものなのです。

人は誰でも自分のことを理解してくれる人を求めている。だからこそ、このような簡単な手法で、信じ込んでしまいやすくなるのです。

「命令」ではなく、「求心力」で人を動かす

あなたの中の「カリスマ性」を呼び覚ます！

さて、ここまで読んできて、おそらくあなたはこう考えているのではないでしょうか？

「私はそんなものには騙されない。私だったら、『赤い絨毯って、何ですか？　あなたは占い師なんだから、ぼやかさないではっきり言ってください』と言ってやると思う」

しかし、熟練したコールドリーダーの手にかかれば、それでもあなたは騙されます。

なぜかというと、コールドリーダーは、「圧倒的な自信」を醸し出しているからです。

「本当に赤い絨毯が重要なイメージとして頭に浮かんでいるのだ」ということを説得するだけの「カリスマ」を匂わせるノウハウをもっているのです。だからこそ、「赤い絨毯」

という言葉が、単にカマをかけているようには聞こえません。

さて、それによって、本書の性格を特徴づけることができます。

本書において、私は、コールドリーディングの手法をこれまでの著書とはまったく違う形で世に問いたいと思うのです。コールドリーディングのテクニックを、単なる話術や心理トリックとしてではなく、実践する本人——あなたを自ら成長させ、高めていくための自己啓発ツールとして再構築するのが、本書の狙いです。

本書の焦点は、「ビジネスリーダーのためのカリスマ養成法」にあります。

他の著書との重複を避けるため、本書ではいわゆる「ニセ占い」のテクニックそのものにはそれほど触れていません。

テクニックや話術だけで人を動かすことなどできません。

本来は「ニセモノ」であるはずのニセ占い師やエセ霊能者が、相手を騙して信じ込ませるためには、尋常ならぬ「カリスマ性」や「求心力」が求められます。嘘を信じ込ませてしまおうというわけですから、騙す側の自信が揺らいだり、わずかでも心が揺れたりしたら、相手はそれを容易に察知してしまう。だからこそ、コールドリーダーには、圧倒的なカリスマ性が求められるのです。

カリスマ最大の武器は「揺れない心」にある

彼らは、どうやってそのカリスマを作り上げるのか——そのノウハウを公開し、あなたに活用していただくことが、本書の目的です。

もちろん、人を騙すためではありません。誰もがハッピーになれる健全な人間関係においてそのカリスマ性を発揮していただきたいのです。

そのためにもっとも適した題材こそ、「チームマネジメント」だと私は考えました。

チームメンバーを褒め、叱り、指導しながら、ベストパフォーマンスを実現させるためには、リーダーの「求心力」が不可欠です。

リーダーに人を引きつける力がなくては、メンバーたちはあちこちに無秩序に散らばってしまいます。メンバー全員の心のベクトルが揃って、同じ目標に向かって力を発揮するためにこそ、リーダーの「揺れない心」が必要なのです。

それがなければ、どんなマネジメント手法を振りかざしたところで、あなたは無力です。

そのことは、他ならぬあなた自身が感じているはずです。

PART 2

なぜ、あの人は圧倒的に人を引きつけるのか？

- 「チームを思いどおりに動かそう」と考えてはならない
- 「リーダー」と「マネージャー」は全く違う!
- 「モチベーション」こそ人を動かす原動力
- リーダーに必要な「求心力」とは?
- どんなに理論を尽くしても人は動かせない
- 「何ができる人か」より「どういう人か」が重要
- 人の心をつかむための「第一条件」
- 人に不安を感じさせない人の魅力
- 人は「断言」されると、思わず信じてしまう
- 「なりきる」ことは最高の自己暗示
- “はったり”はやがて“本物”になる

人の上に立つ人に求められる「カリスマ性」とは?

「チームを思いどおりに動かそう」と考えてはならない

人間はひとりでは生きていけません。ひとりで生きていけないということは、必然的に何らかのチームが構成されるということです。

これはビジネスに限りません。家庭も、学校のクラスもひとつのチームです。

チームができると、様々な性格や特徴をもつメンバーが入り乱れることになります。ぶつかり合いもあるでしょうし、メンバーの能力を活かしきるどころか、期せずしてお互いの足を引っ張り合うような事態に陥ってしまうこともあるでしょう。

だから、チームとして望ましいパフォーマンスを達成するには、チームをまとめるリーダーの役割を誰かが担わなくてはなりません。

ということは、リーダーとチームのどちらが先かと言えば、その重要性において、チームのほうが先だということです。リーダーがいるからチームができたのではない。チームが求めたからリーダーがあるのです。

この当たり前のことがつい見過ごされてしまうから、「チームを思いどおりに動かすのがリーダーの役割だ」と思ってしまう人が少なくないのです。

しかし、もちろんこれはまったくの誤解です。

「リーダー」と「マネージャー」は全く違う！

混同されることが多いのですが、リーダーとマネージャーは異なるものです。

トップダウンで降りてきたタスクを正確に実施させるべく部下を管理するのがマネージャーです。部下をおだて、叱り、指導しながら、あらかじめ設定されている「やるべきこと」を彼らに過不足なく実施させるのがマネージャーの役割です。お客さまがハンバーガーを注文したら、「ご一緒にポテトもいかがですか？」と勧めることを部下に徹底させるのがマネージャーに求められる仕事です。乱暴な言い方をすれば、「人を仕事に合わせる」のがマネージャーです。

一方、リーダーは、自律的なチームを作る役割を担っています。つまり、チームメンバーの特性を活かしつつ、その場その場の状況に合わせて、「やるべきこと」を自分で考えることのできるメンバーを作ること。それがチームリーダーの仕事なのです。

「モチベーション」こそ人を動かす原動力

私の知り合いに、靴店で接客をしている女性がいました。

試着をしていた女性のお客さまが、今ひとつ決めかねているようで、「ねえ、他の色はあるの？」と彼女に聞きました。

もし、彼女が、あらかじめ決まっている「やるべきこと」をやるだけの店員だったら、在庫を調べて、「ブラウンとベージュがございます」と答えたことでしょう。

しかし、彼女は、マニュアルをこなすだけではなく、現場では店員のちょっとした工夫が求められ、評価されることを知っていました。

だから、「はい。チョコレートと、クリームがございます」と答えたのです。

もちろん、そんなことは店のマニュアルには書いてありません。

女性であれば、「チョコレート」とか「クリーム」という言葉は、きっと魅力的に響くに違いない。彼女はそう考えたのです。これは女性にしか思いつかない発想です。

案の定、お客さまの顔がぱっと明るくなりました。そして、喜んで「チョコレート」の靴を買って帰ったのです。

「ブラウン」の靴は売れなかったかもしれないけれど、「チョコレート」の靴なら売れたのです。

この小さな実績によって、彼女がどれだけ自分の仕事にやりがいを感じることができたかは、言うまでもありません。マニュアルどおりの業務を失敗なくこなすことが求められる職場では、味わうことのできないやりがいです。彼女は、もっといろんな工夫をしたいと思ったに違いありません。

確かに些細なことではあります。しかし、すべてのメンバーがこのようなモチベーションをもって、日々、活き活きと働けるとしたら、素晴らしいチームになるのではないでしょうか。

リーダーに必要な「求心力」とは？

あらかじめ決まっている仕事をそつなくこなすことだって、それは大変なことです。しかし、多くの場合は、それができて当たり前。失敗したときにだけ叱られる。そんな減点法では、チームのひとりひとりが真にやりがいを感じることなどほとんどないでしょう。

そんな職場にいれば、お金だけのために仕事をすることになります。だから、他に給料のいいところがあれば、何の迷いもなく仕事を辞めてしまいます。

苦心して人材を育てても、仕事を覚えるとすぐに辞められてしまうのは、そのリーダーが、「チームを思いどおりに動かすのがリーダーの役割だ」と思い込んでいるからです。

書店をのぞいてみれば、リーダーのための指南書が溢れています。なぜそれほどにリーダーの育成が求められているのでしょうか？

それは、昨今の激変するビジネス環境にあっては、あらかじめ決まっている「やるべきこと」をこなすというスタイルでは生き残っていけないからです。

いちいちトップからタスクが降りてくるのを待っていては、お客さまを満足させることなど望めないのが現実です。

だから、今の時代においては優れたリーダーの存在がもっとも重視されています。

小回りの利く現場の小さなチームが自律的に機能することで、日々のビジネスのニーズにタイムリーに対応していくことができる。そういうチームを作ることこそが、リーダーに求められている役割なのです。

そう、あなたの、役割なのです。

しかし、メンバーに好き勝手にやらせればいいのかというと、もちろん、そうではありません。放っておけばバラバラになってしまうチームを結束させる力、リーダーとしての「求心力」が不可欠です。

どんなに理論《セオリー》を尽くしても人は動かせない

多くのチームマネジメント手法は、リーダーが「何をするか（ＤＯ）」という方法論に重きが置かれています。メンバーをどう指導し、褒め、叱るか――そういうノウハウがほとんどです。

もちろん、それは大切なことです。

しかし、それだけでは人は動かせない。

私は、企業で講演をさせていただくことが多いのですが、そんなときにトップの方々から必ず相談されることがあります。それは、若いチームリーダーのコミュニケーション能力の欠如についての相談です。

とくに最近の人たちは、ひとりひとりのスペシャリストとしては極めて優秀です。この点は文句のつけようもありません。

しかし、彼らもやがてリーダーとなり、小さな組織を任される。すると、どうしてもセオリーどおりにチームが動いてくれない。そんな壁にぶつかり、自信を喪失してしまうのです。

また、今や時代は起業ブームまっただ中です。自分の培ってきたスキルをベースに会社を起こす若者が増えています。彼らもまた、自分の能力には絶対の自信をもっている。組織の未来についての明確なヴィジョンももっている。あらゆるマネジメント手法も勉強しています。

それでも、いざ会社を立ち上げると、すぐにリーダーとしての問題に直面します。今までは、スペシャリストとしての自分の才能だけでのし上がってきたけれども、チームを動かす力なくしては、チームを導くことなどできません。

そのリーダーが、スペシャリストとして優秀であればあるほど、思うように動かないチームを前にして、頭を抱え込み、ストレスを抱え込んでしまうのです。

このことは、とくに技術系、エンジニア系出身のリーダーに顕著です。彼らは「何をするか（DO）」という方法論においてはとても卓越しています。しかし、それがすべてだと思ってしまう。

メンバーたちはコンピューターや機械ではありません。あらゆる感情や個性、不条理の交じり合う人間同士のチームでは、すべてが理屈で割り切れるデジタルな世界観など通用しません。

彼らには大切な観点が抜け落ちているのです。

自分の専門分野だけを磨いていれば優秀と評価されていた立場から、チームを導くことが求められるリーダーとしての立場へと転身するためには、今までとは違う能力が不可欠になります。

それは、リーダーとしての「求心力」です。

「何ができる人か」より「どういう人か」が重要

チームマネジメントにおいてもっとも大切なのは、リーダーが「どういうことをするか（ＤＯ）」ではなく、リーダーが「どういう人であるか（ＢＥ）」なのです。

初めて開催されたＷＢＣ（ワールド・ベースボール・クラシック）に日本代表として参加するにあたり、イチロー選手は王貞治監督の下でプレイすることについて、こう語りました。

「僕は、王監督のチームだから力になりたいと思いました。あの方は人間として素晴らしいんです。嘘のない方なんです」

イチロー選手は、王監督が「どういう指導をするか（ＤＯ）」ということにはまったく言及していない。監督が「どういう人か（ＢＥ）」ということだけがモチベーションになっているのです。

私は、セラピストとしてたくさんの人たちの心の問題に取り組んできました。

セラピーのための手法は無数にあります。しかし、クライアントに、自分を超える勇気をもたせ、それによって問題を克服してもらうためには、「どうやって」施療するかが重要なのではありません。「誰が」施療するかがすべてなのです。

「一緒に取り組んでくれる石井さんのために、私はがんばって自分を克服したい」とクライアントが感じてくれたときにだけ、セラピーは成功します。

もし、あなたが、チームメンバーに、「あのリーダーのためにこそ、自分は全力を尽くしたい」と言わせることができたなら、あなたのやることすべてが黄金になります。

「ＢＥ」によってメンバーを惹きつけるリーダーの「求心力」――。

それが、つまり、「カリスマ性」です。

第一段階は「見せかけの自信」でいい！

人の心をつかむための「第一条件」

不安を抱えている人と一緒に過ごした経験が、あなたにもあるはずです。その人は、いつも心配を口にし、ビクビクして、あなたに頼ってきます。

あなたも、最初のうちはその人を励まし、勇気づけてあげることでしょう。

しかし、それも長く続くと、あなたはだんだんイライラしてきます。辛くあたったり、距離を置くようになり、最後はその人の元を離れてしまうことになります。

なぜでしょうか？

それは、その人の不安が、あなたの不安を呼び起こすからです。

人は、誰でも何らかの不安を心の中で感じています。どんなに自信満々に見える人でも、心の深いところには不安をもっています。無理もありません。いつ事故や病気に苛まれるか分からないし、どんな〝流れ弾〟が飛んでくるかも分からない世の中です。

人に不安を感じさせない人の魅力

今は、「お笑いブーム」なのだそうです。

私はテレビの仕事などで、いわゆる「お笑い芸人」の方々の生のお話を伺うことがあります。飛ぶ鳥を落とす勢いの人気者たちの中にも、「いつまでこのブームが続いてくれるだろうか。ブームが終わったときに、どうしたらいいんだろう？」という不安を感じている人が、驚くほど多いのです。

あなたのビジネスにしても、今はうまくいっていても、それがずっと続くという保証などどこにもありません。

だから、私たちは、不安を押し隠して生きています。不安に飲み込まれないよう、日々、自分を励まし、がんばって生きています。

ところが、あからさまに不安を表に出している人が側にいると、その人の不安に文字どおり「共鳴」して、あなたが心の奥底に隠していた不安が思い出されてしまうのです。

だから、不安な人の側にいると、イライラしてくる。自分が不安になってくるからです。

しかし、多くの場合、意識ではそのことに気づいていない。「何となく」その人から逃げ出したくなってくる。「何となく」では心地悪いから、「あの言葉が許せなかった」とか「いつまでも助けてやっていたら自立できないから」などと、自分を納得させる何らかの理由を「後づけ」して、その人の元を離れていくのです。

心の揺れている人からは、みんな離れていってしまう――。

この原理の中に、人を引きつけるカリスマの秘密があります。

人は誰でも不安を隠しもっている。

だからこそ、不安の波動が出ている人から離れ、不安を感じさせない人に引きつけられていくのです。

相手に不安を感じさせない、心の揺れない人。そういう人の元に、大木に寄り添うがごとく、みんなは引き寄せられてくる。

これがカリスマの原理です。

人は「断言」されると、思わず信じてしまう

あなたのイメージするカリスマとは、どんな人物でしょうか？

ロックスターかもしれない。大企業のワンマン社長かもしれない。プロスポーツチームのスター選手かもしれない。いずれにしても、そのカリスマに共通することは、「決して不安を口にしない」「不安を微塵も感じさせない」ということです。

自分のやっていることを信じ込んで、まったく疑わない姿。それを人はカリスマと呼びます。そんな姿に、人は強烈に惹かれるのです。

なぜなら、そういう人の側にいて、その自信の波動を感じることで、安心できるからです。「大丈夫なんだ」と、自らの不安が癒されるからです。

では、カリスマたちには、本当に不安がないのでしょうか？

そんなはずはありません。彼らとてロボットではありません。同じ人間として、不安は必ずあるはずです。

ただ、彼らは、その不安を他人に悟られない術を持っているのです。ビジネス界やスポ

ーツ界のカリスマたちは、不安を他人に感じさせない方法を経験から学んでいます。

テレビで、占い師が、何かをきっぱりと「断言」するのを見たことがあるでしょう？　なぜ、外れるかもしれない占いをあれほど断言できるのかと、不思議に思ったことがあるかもしれません。

占いを受けに来る人たちはみな不安なのです。不安だから、「断言」して欲しいのです。たとえその占いが外れるかもしれなくても、それでも断言してほしい。

「そうかもしれないけど、そうじゃないかもしれないねえ」などと言われたら余計に不安になる。そんな言い方をされたら、占い師の不安が相談者に共鳴して余計に不安になってしまうのです。

なぜ、多くの人たちが占い師に助けを求めにいくのでしょうか？　意識では「当たる占いが聞きたい」と思っていくのだけれども、潜在意識的には、「断言してくれる人」を求めている。これが本当のところです。だから、仮に占いが外れたとしても、相談者のほうから、好意的に解釈してくれるのです。

本物の占い師はもちろんですが、ニセ占い師――コールドリーダーも、「自信をもって断言すること」が相談者を惹きつける秘密であることを知っています。

そのノウハウを、チームリーダーのあなたにも身につけていただきたいのです。

「なりきる」ことは最高の自己暗示

次章では、「自信があるように見せる」ためのコールドリーディングのテクニックを解説します。

「本当に自信があるわけではなくて、自信があるように見せるだけのテクニックなんて、意味がないじゃないか」と思われるかもしれません。

ポーカーで、悪いカードしかないのに強い手をもっているようにはったりをかけることを「ブラフ」と言いますが、要するにこのカリスマもブラフに過ぎないのでしょうか？

そうではありません。

課長に昇進したばかりの人がいるとします。昨日まで「タメ口」で話していた同僚たちが部下になる。とてもやりにくいことでしょう。彼の心はまだ課長にはなりきれていないからです。

それでも、課長の「役」を演じなければなりません。ぎこちないながらも、課長のようにしゃべり、課長のように振る舞います。最初は、ブラフです。しかし、そのうちに、課長ぶりが板についてきます。そして、心のあり方まで課長らしくなってくる。それらしい行動をすることで、やがて本物になっていくのです。

何かになりたかったら、そのごとく振る舞うこと。

行動こそが、最高の自己暗示です。

〝はったり〟はやがて〝本物〟になる

「オレは課長なんだ」「私はリーダーとしての自覚をもつんだ」などと、いくら言葉で自分を諭《さと》しても役に立ちません。本物の課長なら、本当のカリスマリーダーなら、わざわざ自分にそのことを「言い聞かす」必要などないはずだからです。

だから、「大丈夫、大丈夫」と言葉で言えば言うほど「本当は大丈夫ではない」という暗示になってしまいます。

たとえば、「私は楽しい。嬉しい。幸せだ」と言葉でつぶやいてみてください。楽しい気持ちになれますか?

あまりピンときませんよね？

では、次に、口角を上げて、歯を出して、ニカッと笑ってみてください。今度はどうですか？　言葉で「楽しい」と言い聞かせたときよりも、ずっとすんなりと楽しい気分になれるはずです。

こんなふうに、たとえ楽しそうな「フリ」をするだけでも、心に影響を与えることができるのです。言葉よりも行動のほうが圧倒的に心に強い暗示を与えることができるということ。

大切なことなので、繰り返します。

何かになりたかったら、そのごとく振る舞うこと。行動こそが、最高の自己暗示なのです。だから、最初は、「見せかけだけの自信」「カリスマリーダーのフリ」でいい。そのブラフが、ダイレクトに心に影響を与え、やがて本物の自信が作られていきます。

このブラフは、あなたのためであると同時に、メンバーのためでもあるのです。

占い師に断言してほしい相談者と同じで、あなたのチームメンバーも、潜在意識では、リーダーとしてのあなたにはブラフであっても自信を示してほしいものだからです。

PART 3

たった12の方法で、あなたにも「カリスマ性」が身につく!

- 「うなずく回数」の操作だけで主導権を握る
- 相手の「右側」に位置を取るだけで心理的優位に
- 人は「自分を受け入れてくれる人」には必ず従う
- 本当に信じていないことは口にするな
- こんな"余裕の表情"に人は心を動かされる
- 「動作」ひとつで信頼感、安定感を演出する
- 自信のない人ほど相手を凝視する!?
- 親しみを強調しながらも主導権を握る握手とは?
- リーダーは簡単に「本音」を語ってはいけない
- 「人を心酔させる人」は「分かりやすい人」
- 人やモノに振り回される人は絶対信用されない
- トラブルを"最小限にとどめる"画期的な方法

サトルティ――相手に気づかれずに心理操作するノウハウ

サトルティとは何か？――いつの間にか心理的優位に立つ方法

たとえば、あなたのいない間に、誰かがあなたの本棚の本を少し動かしたとしましょう。

部屋に帰ってきたあなたは、「あれ？　何かヘンだな」と感じるはずです。本棚がいつもの感じと違う気がする。でも、どこがどう変わったのかは分からない。

そういうことはよくありますよね？

意識では分からないけれども、「何となく」何かを感じる。

つまり、人間というのは、意識で認識している以上の情報を潜在意識で感じ取っているということ。そして、ここが大切なのですが、「意識ではっきりと捉えているものよりも、潜在意識にすっと入ってくるもののほうが、より大きな影響を心に与える」のです。

ということは、相手の意識ではなく、潜在意識にさり気なく示唆を与えることで、相手の心に、強い影響を与えることができるということになります。

このような、潜在意識へのさり気ない示唆のことを、コールドリーディングでは、「サトルティ」(subtlety) と呼んでいます。

コールドリーダーは、このサトルティを実に巧みに使いこなし、相手より心理的優位に立ちます。

あなたはこのトリックに気づくか？

例を挙げましょう。

「ここにパワーストーンがあります。私が後ろを向いている間に、この石をあなたのポケットの中に隠してください。ズボンのポケットでも、ジャケットの内ポケットでも構いませんから、頭で考えずに、直感で、いずれかのポケットにしまってください」

コールドリーダーが後ろを向いている間に、あなたはその石を「任意の」ポケットに隠します。「はい。しまいました」とコールドリーダーに告げます。

コールドリーダーは、ゆっくりと振り返り、そして自信たっぷりに言います。

「そちらの……ズボンの左ポケットに隠していますね？」

もちろん、一〇〇パーセントではありませんが、かなりの確率でコールドリーダーはあなたがどのポケットに石をしまったかを当てることができます。

読み進める前に、少しだけ考えてみてください。

あなたがどのポケットに石を隠したかを、コールドリーダーはどうやって当てたのでしょうか？　鏡か何かに映っていたのでしょうか？　近くにサクラがいて、コールドリーダーにシグナルを送ったのでしょうか？　それとも、確率的に左のズボンのポケットを選ぶ人が多いのでしょうか？

いいえ。いずれも違います。

これは純粋に心理的な、サトルティのテクニックなのです。

相手の潜在意識にさり気なく入り込む！

実は、「この石をあなたのポケットの中に隠してください――」と説明しながら、コールドリーダーは自分の「右ポケット」に手を突っ込むしぐさをしたのです。あくまでもさり気なくです。

しかし、あなたは、コールドリーダーが「話している内容」のほうに意識を奪われているから、コールドリーダーが右ポケットに手を入れたことはほとんど意識していません。ぼんやりと視野の隅で捉えているだけです。

だからこそ、このサトルティがまんまとあなたの心に影響を与えてしまい、コールドリーダーが右ポケットに手を入れている様子が、自然にあなたの潜在意識に入ってしまう。つまり、コールドリーダーに向かい合っているあなたにとっては、鏡映しのように、「左側のポケット」に入れる動作がさり気なく印象づけられるのです。

だから、「考えずに、直感で」と指示されると、つい、左のポケットを選びやすくなってしまう、というわけです。

コールドリーディングのシチュエーションであれば、これに続けて、「やっぱり、そうですね。左のズボンのポケットに石を入れる人というのは、事故にあう危険性をはらんでいるのです。よほど気をつけないと――」と、ニセ占いに持ち込みます。

そんなコールドリーダーの馬鹿げた警告に喰いついてしまうのも、「石を隠したポケットを当てた人だから、この人の言うことは本当かもしれない」と、信用してしまうから。

そして、徐々に騙しに引きずり込んでいくのですが――実はそれはカリスマ養成の話とは関係ありません。

ここで理解していただきたいのは、サトルティが相手の心にさり気なく印象を刻み込むことができるのだということ。

このサトルティを利用して、カリスマを作り上げていく方法をご説明するのが、本章の目的です。

チームメンバーから信頼されるリーダーは、これから解説する12のサトルティを経験から無意識のうちに実践しています。あなたも、この12のサトルティを意識して心がけてみてください。すべてでなくてもいい。できそうなところからはじめてみればいいのです。

最初はぎこちなくても、次第に落ち着きと自信があなたの心の中に育ってきます。

《カリスマのためのサトルティ・その1》「あいづち」のテクニック

「うなずく回数」の操作だけで主導権を握る

ホテルのロビーのソファーに、ふたりの人物が向き合って座り、和やかな雰囲気で話をしている。その様子を、あなたはちょっと離れたところからぼんやりと見ています。

ふたりとも同じような年齢に見えます。ですが、ひとりの人のほうが、もうひとりの人よりも、何となく「偉い人」のように、あなたは感じました。

「なぜだろう？　なぜそう感じたのだろう？」

あなたは不思議に思います。威張ってふんぞり返っているわけでもないし、特別に高価な服を着ているわけでもなさそうです。その人ばかりが一方的に話しているのでもない。

はたから見る限りにおいては、ふたりはまったく対等である「はず」なのに、なぜかその人のほうが主導権を握っているように見えるのです。

あなたは、ふたりの様子を注意深く観察してみました。

そして気づきました。

何となく「偉い人」のように感じられるその人は、話を聞きながらも、あまりうなずかないのです。

決して相手の言っていることを無視しているわけではありません。それどころか、相手を温かく優しい目で見ながら、真剣に耳を傾けている。

しかし、うなずく回数こそ少ないものの、いざうなずくときには、とても感じ入ったように深く、深くうなずいている。

一方、もうひとりの人は、話を聞きながら頻繁にうなずいている——。

どうやら、このふたりの違いは、頻繁に小出しにうなずくか、溜め込んで深くうなずくかの違いだけのようです。

「きっと、これがサトルティとして影響しているのだろう」

と、あなたは確信しました。

やたらにうなずかない。ため込んでからうなずく

カリスマのためのサトルティ・その１は、

「相手の話に頻繁にうなずかない。その分、うなずくときにはゆっくりと深くうなずいてみせること」

です。

なぜこのサトルティでリーダーとしてのカリスマを醸し出すことができるのかというと、大きくふたつの理由があります。

ひとつめの理由は、緊張と緩和の原理です。

人の心を動かすには、緊張と緩和を交互に使い分けるのがコツだと言われています。あなたも聞いたことがあるはずです。

占い師やセラピストは、相談者に対してかなりキツイことを言うことがあります。でも、最後には必ず、

「でも、本当はアンタはいいコなんだよ。いつでも相談においでね」

と優しい言葉をかける。そうすると相談者はドッと泣き出し、心を開くのです。

ここにも緊張と緩和の原理が働いています。最初から、「アンタはいいコなんだよ」と言っても、あまり効果がない。でも、最初に叱られたり、キツイことを言われると、否応なしに緊張感が高まります。緊張感が高まった分だけ、最後にストンと優しく語調を緩められると、それだけ深くリラックスし、安心します。

ずいぶん小さな頃に迷子になったときのことを、私は今でも覚えています。必死で母親を探して走り回りました。そのときには、泣かない。しかし、母親を見つけたときには、その安心感から一気に涙が出てしまった。

同じ仕掛けが、このうなずきのサトルティにも反映されています。

最初から最後までまったくうなずかないわけではないから、うなずく頻度が少なくなったところで、相手は意識的にはさほど違和感を覚えません。

しかし、潜在意識的には微妙に緊張感が高まってくるのです。「あれ、この人は私の話を分かってくれているのかな?」「同意してくれているのかな?」という落ち着かない気持ちが積み上がってくる。本人も意識の上では気づいていないけれど、無意識に同意して欲しい気持ちが高まってくるのです。相手の肯定的な反応を得ようという気持ちがどんどん強くなってきます。

だからこそ、深くうなずいてもらったときにホッとするし、受け入れてもらえた安心感が何倍にもなって感じられるのです。

ここに主従の関係ができる。受け入れてあげる側が「主」で、受け入れてもらおうと必死になっている側が「従」です。だから、うなずきの少ない人のほうが、相手をリードする「主」の立場を獲得することができるのです。

しかし、このうなずきのサトルティに効果があるのには、もうひとつの深い理由があります。

カリスマとしての器は、この余裕と真剣さから生まれる！

相手の話を聞きながら頻繁にうなずく心理の背後にあるものは、いったい何でしょう？

それは、「分かった分かった。もうやめてくれ。もっとオレに話させてくれ」という心理です。相手の話を深く理解し、感じようともせず、適当に流そうとするシグナルこそ、頻繁なうなずきなのです。

だから、たくさんうなずけばうなずくほど、潜在意識的には、「この人は他人の話を聞く余裕もない人なんだな」という印象を相手に与えてしまうのです。リーダーとしての「器の大きさ」が失われてしまうのです。

合いの手のようにリズムだけでうなずいたりせず、相手の話にじっと耳を傾け、大切なところでだけ深くうなずくことを心がけてみてください。

それだけで、あなたにはカリスマの落ち着きと余裕が漂いはじめます。

ただし、能面のように無表情のままうなずかないのでは、相手は不愉快になってしまいます。

「この人はコミュニケーションが取れない人だ」
「この人とはまったく心が通じ合わない」
というネガティブな印象すら与えてしまいます。

あくまでも相手の話を、温かく、そして真剣に聞くこと。それが大前提です。

《カリスマのためのサトルティ・その2》「ポジション」のテクニック

立ち位置、座り位置に働いている深層心理

普段、何気なく使っている言葉の中にも、深い意味が隠されています。

たとえば、私たちはよく、「オレの右に出る者はいない」という言い方をします。右というのは、「我」を象徴します。潜在意識的には、「右」というのは、「より優れたもの」を象徴しているのです。

ですから、私たちの潜在意識の感じ方の中では、主導権を握る人は右側にいるのが自然なのです。

人は無意識に自分の右側にいる人に従いたくなります。覚え方としては、車の運転席と

助手席の関係を思い出してもらえればいいでしょう（もちろん、運転席が左手側にある車もありますが、それがポイントなのではありません。あくまでも覚えるためのヒントと理解してください）。

先日も、あるグループ企業の重役クラスの方々にお会いしましたが、グループ企業だけに、いろいろな立場の人が入り乱れ、名刺の肩書きを見ただけでは、誰が「偉い」のか判断がつきかねました。

そんなときにも、その人の「立ち位置」「座り位置」をチェックするだけで、おおよその予想がつきます。一番右側――つまり、私から見ると、向かって左に座っている人ほど主導権を握っているのだと読むことができます。

話をしてみると、やっぱり私の読みどおりであったことが分かりました。

ところで、握手をするときに、右手で握手をしながら、左手で相手の二の腕や肩に触れる人がいます。そういう握手をする人を、あなたも見たことがあるでしょう？

これは、親しみの表現であると同時に、相手の右手を封じる――つまり、相手の「我」を封じるという潜在意識的な示唆になっています。それによって自らの主導権を暗示しているのです。

相手の「右側」に位置を取るだけで心理的優位に

カリスマのためのサトルティ・その2は、「できるだけ意識して相手の右手側のポジションを確保すること」です。

常に「相手の右を取る」ことで、リーダーのカリスマ性をブラフすることができるというわけです。

これはかなり大胆な提言だと思われるかもしれません。

もちろん、あくまでもサトルティ、つまり、繊細な潜在意識への示唆ですから、一〇〇パーセントそのとおりになるというものではありません。

しかし、人間の心というのは、普段は意識していないこのようなサトルティに何らかの影響を受けていることだけは確かです。ちょっと意識してみると、かなり説得力があるセオリーだということを納得していただけるはずです。

ほとんどの人はこのサトルティに気づいていません。しかし、自分がリードを取りたいときには、自然に相手の右手側に来ているし、相手に任せたいときには知らないうちに自分の右手側に相手を置いているのです。本人も気づいていないうちに、無意識的にそうしています。

逆を言えば、常に相手の左手側に来ようとする傾向のある人は、潜在意識的にどこか他人にすがりつきたい気持ちのある人です。

もし、あなたがリーダーでありながらも、人を自分の右手側に持ってくるのが楽だと感じるタイプだとしたら、要注意です。それがサトルティとしてあなたのリーダーとしてのカリスマの雰囲気を損なっている可能性があります。

こんなときは、逆に「左側」に位置を取る

私がこのサトルティに気づくきっかけになった些細な体験をお話しさせてください。このサトルティに気づく前は、もちろん、私も自分の立ち位置など、意識したこともありませんでした。

若かりし頃のデートの話です。

恋人と並んで街を歩いていると、必ずと言っていいほどふたりはゴツゴツぶつかってしまうのです。まるで映画のカーチェイスのように、側面からお互いにぶつかり合ってしまいます。

彼女のほうは、「どうしてこっちにぶつかってくるのよ！　まっすぐ歩いてよ！」と言うけれど、私としても「そっちこそ、どうして寄ってくるんだよ？」と思いました。

ところが、思い出してみると、昔の彼女と歩いているときには、そんなことは全然なかったはずなのです。普通に、スムーズにまっすぐ歩けました。

そこで、「なるほど、そういうことか」と気づきました。

もうお分かりですね？　そうです。私も彼女も、とても「我」の強いタイプだったのです。だから、お互いが「相手の右を取ろう」としてしまう。相手の左に立っていてはしっくりこないから、無意識に右手側に来ようとするのです。

私が右に立っていると、彼女は右を取り戻そうとしてぶつかってくるし、彼女が右に立つと、私は主導権を奪還しようと彼女の右に出ようとする。

それに気づいてからは、私は彼女に「右を明け渡す」ことにしました。彼女と歩くときは、さり気なく、すっと右を譲るようにしたのです。それからというものは、並んで歩いていてもぶつかることなどまったくなくなりました。

そして、彼女が不安を感じていたり、悩んでいるようなときには、私がさり気なく右側に来て、リードしてあげる。それだけのことで、深い信頼を獲得することができたのです。

《カリスマのためのサトルティ・その3》
「肯定」のテクニック

人は「自分を受け入れてくれる人」には必ず従う

私たちはみんな、子供の頃に、「大人ってどうしてこうなんだろう？　自分はあんな大人になんかならないぞ」と思ったはずです。

でも、大人になるとそんな気持ちを忘れて、やっぱり大人の都合で考えてしまう。

社会人になったばかりの頃も、「オレたちがこんなに頑張っているのに、どうしてこの上司は分かってくれないいんだ？　オレが管理職だったら、もっと現場の気持ちを大切にするのに」と思ったことが一度ならずともあるはずです。

でも、自分が役職につくと、部下の気持ちなんか忘れてしまうのです。

あなた自身の人生を振り返ってみてください。

あなたが信頼できた大人、先生、先輩、上司とは、どんな人だったでしょうか？

共通することは、「あなたのことを認め、肯定してくれた人」ではないでしょうか。

誤解しないでください。私は、「部下のことを肯定してあげましょう」などという精神論を言っているのではありません。ここでも私はあくまでもサトルティ、つまり潜在意識への示唆についての話をしているのです。

誰かを受け入れてあげる。

肯定してあげる。

「そのこと自体」は、どんなサトルティを構成しているでしょうか？

そうです。「あなたが誰かを受け入れてあげるとき、あなたは必ず相手よりも大きい存在だということ」です。

論理的に考えても、自分よりも大きなものを「受け入れる」ことはできません。だから、潜在意識的に、人は、「自分を受け入れてくれる人には敵《かな》わない」と感じます。

潜在意識的な暗示の作用において、私は「チームメンバーを受け入れてあげることであなたのカリスマを示唆できる」ということを申し上げています。

「否定語」は潜在意識に特殊な作用をもたらす

ところが、多くの人はこのことを正しく理解していません。

「この仕事はとても納期には間に合いませんよ！」と部下が口を尖らせて言ってきたら、たいていのリーダーは、次のように言います。

「そうだな。確かに厳しいスケジュールだものな。でも、可能な範囲でいいから努力してみてくれよ」

これは、スケジュールがキツイという部下の訴えを受け入れたようで、実は受け入れていません。リーダー本人としては、一応、部下の訴えを受容したつもりになっているのでしょうけれど、部下（の潜在意識）はそのようには感じません。

なぜでしょうか？

それは、「確かに厳しいスケジュールだものな」と受け入れておきながら、その後で、「でも――」と言ってしまっているからです。

「でも」というのは、英語で言えばＢｕｔです。このＢｕｔは、潜在意識的に特殊な作用をもたらします。

「Ｂｕｔは、その前にくるフレーズを打ち消し、その後にくるフレーズを強調するという作用がある」のです。

ですから、先ほどのセリフを言われた部下としては、自分の意見を肯定されたどころか、否定された気持ちになってしまうのです。そして、「可能な範囲で努力してみてくれ」という「命令」がより強調されてしまう。訴えを否定された印象だけが残るのです。

人は、自分を否定する人を、自分よりも小さな存在だと捉えます。「リーダーの器が小さいから、部下の訴えを受け入れることができない」ということになるからです。

つまり、部下を否定することであなたのカリスマ性は死にます。

とはいえ、「何でも部下の言うことを受け入れて、言いなりになれ」と言っているのではありません。部下がヤル気を出せるような言い方を工夫すればいいのです。

「でも」「しかし」を、「だから」「そして」に言い換えるだけで——

カリスマのためのサトルティ・その３は、

「『でも／しかし』と言わず、『だから／そして』と言うこと」です。

先ほどのセリフを、こう言い換えてみればいいのです。

「そうだな。確かに厳しいスケジュールだものな。『だから』、可能な範囲でいいから努力してみてくれよ」

分かりますか？

論理的には、前の文章とまったく同じ意味です。しかし、印象としてはまったく違ったものになります。

こう言われれば、部下にとって、自分の訴えを受容してもらえたという気持ちは消えません。Ｂｕｔで後から否定していないからです。したがって、「可能な範囲で努力してみてくれよ」というリーダーの指示も素直に受け入れたくなるのです。

チームメンバーの「苦情」をまずは受け入れた後、つい「でも……」という接続詞を口にしてしまいそうになったら、それをグッと堪えて、「だから／そして」という接続詞に置き換えてみてください。

それによって、多少、意味的におかしな文章のつながりになってしまっても構いません。

そもそも私たちが日常で話している言葉など、文法的、意味的にめちゃくちゃなものなのですから。

部下の反応や動きがまったく違ってくるはずです。自分のことを受け入れてもらえたという印象が強く残るからです。

繰り返しますが、これによって、「受け入れてあげる人は、受け入れられる人よりも、大きな存在なのだ」というサトルティが効き、あなたのカリスマ性をさり気なくアピールすることができるのです。

「たったそれだけのこと？　そんな些細なこと、どうってことないのでは？」と思うでしょうか？　ですが、サトルティというのは、些細だからこそサトルティなのです。些細だからこそ、メンバーの潜在意識に、あなたの狙いがすっと入るのです。

このことを決して過小評価しないでください。

《カリスマのためのサトルティ・その4》
「話し方」のテクニック

「自分を信じ込んでいる人」の説得力

コールドリーダーは、もちろん、自分がニセモノであることを知っています。本当は自分には特別な霊感などないし、人の心を読み取ることだってできないことも、よく分かっています。

しかし、同時に、コールドリーダーは、「人を騙すには、まず自分を騙す必要がある」ということも理解しています。

だから、ニセ占いをしながらも、「私は本当に霊感で感じ取っているのだ」と自らを信じ込ませるのです。

結婚詐欺師なども、相手を騙しているときには、本気で恋をしているつもりになるのだそうです。だからこそ、相手は騙されてしまうのです。

私の知り合いのマジシャンがこんなことを言っていました。

「コインが握った手の中から消えるマジックをするとき、実際にはもうすでにコインは手の中にはない。でも、まだコインはちゃんと手の中にあって、それがこれから煙のように消えるのだということを、マジシャン本人が信じ込む必要があるんです。それによって本物の魔法が起こったのだという説得力が生まれるんです」

あなたは、自分自身がまだ本物のカリスマになりきれていないことを知っています。けれども、カリスマ性があるんだと自分自身を説得することができなくては、チームメンバーに対してなんら説得力をもちません。

「私がまだ若いから、部下が私の言うことを信じてくれません」と悩んでいる人がいますが、カリスマは、年齢や経験とはまったく関係ありません。チームメンバーがあなたの言っていることを信じてくれないとしたら、その唯一の理由は、「あなた自身がそれを信じていないから」ということなのです。それ以外にはどんな言い訳も成り立ちません。

自分がつまらないと思っている話で人を引き込むことなどできません。どんなにつまらない話でも、しゃべる本人が本気でそれを信じて、情熱的に語るとき、聞く者たちは引き込まれていきます。

プロのお笑い芸人でも同じです。ベテランは、自分のネタが自分でも本当に面白いと思っています。でも、まだ経験の少ない若手は、「これ、面白いかな？　笑ってもらえるかな？」という雰囲気がどうしてもにじみ出てしまうから、見ている人もあまり面白く感じないのです。

それがコールドリーディングであっても、ショービジネスであっても、セールスであっても、チームマネジメントであっても、自分が信じていないことを他人に信じさせることなど絶対にできません。

本当に信じていないことは口にするな

カリスマのためのサトルティ・その4は、

「自分が本当に信じているセリフ、あるいは信じ込めるセリフだけをしゃべること」です。

このサトルティを心がけると、必然的に口数は減ります。他人から聞きかじっただけの話や、リズムだけの合いの手、見え透いた社交辞令、ありきたりの決まり文句などは口にできないわけですから――。

口数が減った分だけ、あなたが発する言葉の重みが増します。あなた自身が信じていることだから、チームメンバーに対しても説得力が生まれるのです。

子供を育てるときでも、いちいち小さなことで小言を言う親がいます。小言の数が多ければ多いほど、親の言葉の重みが失われます。「これは本当にいけないことなんだ」という説得力が失われます。子供というのは、大人以上にサトルティに敏感なのだということを忘れてはいけません。

なぜ「できない人」ほどよく喋るのか

このお話をしたら、「そんなに口数が減ったら、リーダーとして、大切なことをメンバーに十分に指導できないじゃないか」と反論してきた人がいました。自分でもその反論が大いに矛盾していることに気づいていないのだからあきれたものです。

私は、「だって、それが本当にメンバーに指導すべき『大切なこと』であるならば、あなた、信じて言えるはずですよね？　そういう反論をなさるということは、あなた自身が本当はそれが大切なことだとは思ってないことを証明しているじゃないですか」と説明しましたが、まだポカンとしていました。

この人もまた、「チームを思いどおりに動かすのがリーダーの役割だ」「決まったことをとにかくやらせるのがリーダーの役割だ」と思い込んでいる人なのでしょう。

もちろん、あなたが「本当は違うんだけどなあ」と思うようなことも、業務上、どうしても口にしないといけない場面もあるでしょう。机上の空論を言っているのではありませんから、このサトルティを一〇〇パーセント実行できるなどとは私だって思っていません。

しかし、そんな場合にも、自分で信じ込むように努力してみてください。できる範囲でこのサトルティを心がけるだけでいいのです。

それによって、チームメンバーはあなたの言葉を重く受け止めてくれるようになります。

完全にできないからやらないのではなく、できる範囲で努力する。努力することそのものが、潜在意識に効果をもたらしてくれるのです。

《カリスマのためのサトルティ・その5》
「表情」のテクニック

「あの人、目が笑っていないよね」

よく、「あの人は、目が笑っていない」という言い方をしますが、これは文字どおりの意味です。

本当に嬉しい気持ちで笑っているときには、目の周りの眼輪筋と、頬から口にかけての大頬骨筋という、ふたつのグループの筋肉が動くのだそうです。ところが、作り笑顔のときは、大頬骨筋だけが動いて、眼輪筋は動かないことが多いそうです。

だから、作り笑顔とは、文字どおり「目が笑っていない」笑顔なのですね。

目が笑っていない人と話をしていると、どんな気分になりますか？　冷たい感じ？　怖い感じ？　それとも、気味が悪い感じでしょうか？
何よりも、余裕がない印象を受けてしまうはずです。

相手を威圧する顔は逆効果

どの分野でも、カリスマと言われる人たちは、決して怖い目で相手を威圧したりはしません。強面《こわもて》のキャラクターで売っているタレントさんでも、直接お会いしてみると、実に深い、優しい目をしているものです。眼差しの深さというのは、その人の人間的な余裕を反映します。

自信があるように見せるためには、厳しい顔をすればいいのだと誤解している人が多いのです。しかし、悩んでいるような深刻な表情や、相手を威圧するような強面は、カリスマとはまったく正反対の印象を相手の潜在意識に与えてしまいます。

あなたの目が笑っていないと、相手も、潜在意識レベルでは、そのサトルティを敏感に感じ取ります。あなたの不安や余裕のなさを感じ、それに共鳴して、相手も不安になってくるのです。

そうなると、すでにお話ししたように、無意識的にその人から逃げたくなってくる。意識を納得させる何らかの理由をこじつけて、相手は離れていきます。

相手を不安にさせるサトルティは、カリスマのサトルティとはまったく逆の作用をすると言いましたね。リーダーとしての求心力どころか、メンバーが逃げていってしまいます。

意識のレベルでは、「怖い人だなあ。この人の言うことを聞いておかなきゃ」と思ったとしても、潜在意識のレベルでは、「この人は不安な人なんだなあ。この人といると私の不安も蘇ってきちゃうから、何とか逃げ出さなきゃ」と感じはじめるのです。

「安易に親しげに笑ったらナメられてしまう」などと考えるのは、小モノの発想です。余裕がないからです。自信がないからです。

だから、リーダーには、深く、優しい笑顔が求められます。精神論ではありません。テクニックとして求められるのです。

こんな〝余裕の表情〟に人は心を動かされる

カリスマのためのサトルティ・その5は、

「余裕の雰囲気を醸し出すために、本物の笑顔でチームメンバーに接すること」です。

単に、「笑顔で仕事をすれば楽しいよ」というありきたりのことを言っているのではありません。あくまでも、カリスマのためのサトルティという技術的な観点から申し上げているのです。

さて、先ほどお話しした眼輪筋——つまり、「目が笑う」ための筋肉は、意識的に動かそうとしてもなかなか難しい。やってみると分かりますが、目も笑っているつもりでも実際にはあまり動かないのです。

では、どうやったら、眼輪筋を「笑わせる」ことができるのでしょうか？

たとえば、心臓の筋肉は意識的に動かすことはできませんが、怖いことや緊張することを想像するとドキドキしてきますね？　つまり、心の中に描くイメージによって、意識で動かせない筋肉を間接的に操作することができるのです。

ですから、眼輪筋を「笑わせる」には、「愛する人」「大好きなもの」のことを心に描いて笑えばいいのです。

いつもあなたをイライラさせるメンバーがいるとします。その人の顔を見るだけでうんざりした気分になってしまいます。

「部下は褒めて育てよう。笑顔で優しく指導しよう」と思っても、笑顔が作り物では相手の潜在意識はそれを感じてしまいます。その不安のサトルティが共鳴し、そのメンバーは決してあなたの期待に応えようとはしないでしょう。

だから、そんなメンバーと接するときには、まず、自分が「愛する人」「大好きなもの」のことを考えます。恋人でもいいし、子供でもいいし、ペットでも構いません。大好きな芸能人でもいいのです。

そして、それを心に描いたまま、あなたの部下に接すればいい。それだけで、眼輪筋が微笑み、オープンで自然な笑顔になります。

本当の笑顔が生み出す、すごい効果

このお話をすると、中にはこういうことを言う人がいます。

「確かに、愛する人のことを心に描けば、自然に微笑むことができます。でも、いざ面倒くさい部下に向き合うと、そのイメージが消えてしまうんですよ」

そんな人には、次のような方法をお勧めします。

面倒くさい部下と向き合いながら、その部下の「後ろ」で、あなたの愛する人があなたに向かって微笑んでいると想像するのです。部下の肩越しに、愛する人があなたに笑顔で手を振っているとイメージするのです。

簡単ですが、馬鹿にしないでやってみてください。あなたの印象ががらりと変わるはずです。相手の反応にも変化が出てきます。

ところで、私は、この「本物の笑顔を作る方法」を以前に雑誌のコラムに書いたのですが、それを読んでくださったプロのカメラマンの方が、これを裏づけるお話をしてくれました。彼によれば、グラビアアイドルなどの写真を撮るときに、女の子に向かって、「笑って！」と言うよりも、たとえば、「ペットの犬のことを思い出して！」と声をかけたほうが、自然で魅力的な笑顔が撮れるのだそうです。写真のプロともなると、被写体の自然な笑顔を引き出すテクニックを、経験から身につけているものなのですね。

誰でも、「愛する人」「大好きなもの」のことを考えているときの笑顔が、一番の笑顔なのです。リーダーのあなたも、最高の笑顔でメンバーに接してあげてください。

《カリスマのためのサトルティ・その6》
「動作」のテクニック

「動作」ひとつで信頼感、安定感を演出する

もしあなたが満員電車や混んだエレベーターに乗る機会があったら、ぜひ一度、試してみていただきたいことがあります。

あなたが降りる駅や階で、みんなも降りてくれれば問題ないのですが、そうでない場合には、あなたは人をかき分けて外に出なくてはなりません。たいていは、ドアが閉まる前にと、慌てて出ようとしてしまいます。

ドアに近いところにいる人たちはいったん外に出て道をあけてくれればいいようなものですが、とくに殺伐とした通勤ラッシュのときなどは、みんなが意地悪になり、我を張っ

て、誰かが降りようとしても譲ってくれないものです。少なくとも、東京ではそうです。

そんなとき、できるだけゆっくりとした動作で降りるようにしてみてください。

ゆっくりとおもむろに歩み出すと、不思議なことに、みんなスッと道をあけてくれます。

実際にやってみれば、そのあっけなさに戸惑うほどです。

慌てて出ようとする人には譲らないのに、ゆっくりと出ようとする人にはなぜ譲ってしまうのでしょうか？

それは、「人間は、潜在意識的に自分よりもゆっくりと動くものに勝てない」からなのです。カリスマのためのサトルティ・その2で、人は自分の右側に来る人に主導権を譲ってしまうというお話をしましたが、それと同じように、「人は、自分よりもゆっくり動く人を、自分よりも偉いと感じてしまう」のです。

映画でも、ヤクザの親分が走って登場することなどありません。おもむろに、ゆっくりと出てくるから迫力がある。親分らしい感じがする。

どうしてゆっくり動く人のほうが偉く感じるかというと、ゆっくり動くということは、つまり、他のものに振り回されていないということだからです。

親分を急かすヤツなど、誰もいないのです。だからこそ親分なのです。

どんなことにも振り回されない。自分は自分のペースで動く。それがカリスマです。

「走らない習慣」の驚くべき効果

カリスマのためのサトルティ・その6は、

「走らないこと」

です。

走るとき、あなたは自分のペースを失っています。ジョギングをしているのでもない限りは、走るということは、つまりは、誰かに、あるいは何かに振り回されているということです。

考えてみてください。横断歩道を渡ろうとしたら青信号が点滅していたとします。きっとあなたは走ると思います。でも、それはつまり、信号のほうの一方的な都合に、あなたが振り回されているということです。

電車がホームに来ていたら、あなたは走って飛び乗ろうとするはずです。でも、それはつまり、電車のほうの一方的な都合に、あなたが振り回されているということです。

ということは、あなたは信号や電車よりも下の立場にいるということです。少なくとも潜在意識的には、「自分は信号や電車よりも低い立場である」ということを認めたことになります。

サトルティは、チームメンバーの潜在意識に対してあなたのカリスマ性を示唆するためのものであると同時に、あなた自身への「自己暗示」にもなっているのでしたね？

チームメンバーが見ていなかったとしても、信号や電車の都合に左右されて走るのならば、そのことは自分自身へのサトルティとなって、あなた自身のカリスマ性を台無しにしてしまうことになります。

つい、走り出しそうになったときは――

だから、たとえばこれから一週間だけでもいい。普段の生活の中で、決して「走らない」ということを心がけてみてください。

つい走り出しそうになったときには、いったん立ち止まって、「待てよ。私は今、何に振り回されているのだろう？　これは本当に振り回されるに値することだろうか？」と考えてみてください。

ほとんどの場合は、走るほどのことでもなかったということに気づくでしょう。あなたは、ただ次の青信号や次の電車を待てばいい。時間のロスといっても、せいぜい数分程度のものです。

もちろん、家が燃えているのにゆっくり歩いて逃げろなどと言っているのではありません。本来はどうでもいい小さなことに、気づかないうちに振り回されてしまっていることに気づいていただきたいのです。

「走らない」ことを心がけるだけで、自信や落ち着き、安定感が心に育ってくるのが実感できるはずです。

仕事でも、メンバーの行動に腹を立てたり、イライラしたりしないようになってきます。メンバーの仕事ぶりに腹を立てそうになったときにも、あなたは、「待てよ。ここで感情を荒らげたら、自分の感情はこの部下に振り回されていることになるな？　この部下に私が振り回されていることになるな？」と立ち止まって考えることができるようになり、冷静に対処できる余裕が育ってくるはずです。

ぜひ、心がけてみてください。

《カリスマのためのサトルティ・その7》

「アイコンタクト」のテクニック

「じっと目を見る」は大間違い

話しているときに相手の目をじっと見ることで、自信やカリスマ性をアピールできる。そう思っている人が多いのですが、これは間違いです。

スポーツ選手でもミュージシャンでも大企業のトップでもいいのですが、あなたの知っているカリスマがどのようなアイコンタクトをしているか、思い込みを排除して一度、観察してみてください。

彼らは、相手の目をじっと見るということはまずしない。あまり長く見つめ合うようなことをしません。もちろん、自信がない人が目を合わせないようにするのとは違います。

彼らの目線は本来あまりにも鋭く、長くアイコンタクトを続けると相手が萎縮してしまうからなのです。自分よりも弱い存在への配慮なのです。

じっと見つめて目をそらさないことで、確かに相手を威圧することはできます。しかし、相手を威嚇しようとした時点で、あなたのカリスマ性は台無しになってしまうのです。

もし、本当に自信があるのなら、相手を威圧する必要などないからです。相手を威圧しようとする潜在意識にあるものは、「気を張っていないと相手に負けるかもしれない」という不安です。

カリスマ性というのは、すでにお話ししてきたように、いっさいの不安を他人に感じさせない磐石の自信の表れです。

つまり、本当は自信がないのに、目で相手を圧倒することによってリーダーシップを握ろうとする人は、結果としてはまったく逆のサトルティを漂わせていることになります。不安のサトルティを放っていることになります。

「負けまい」と思った時点で、半ば負けているのです。

動物園に行って、ライオンをじっと見つめてみてください。決してあなたを睨み返したりしません。ライオンにとって、人間ごときは脅威でも何でもないからです。弱い動物は、吠えたり、羽を広げたりして、敵を威嚇しようとします。そういうデモンストレーションで敵を威嚇するのは、本来は弱い存在だからです。

人間でも、「吠える人」がときどきいます。本人は自分の強さをアピールしているつもりなのです。相手の潜在意識には「不安」や「弱さ」のサトルティとして印象づけられてしまうという現実を知らないのです。

自信のない人ほど相手を凝視する⁉

子供を指導するときにも同じことが言えます。

声を荒らげて叱れば叱るほど、子供は聞く耳をもちません。

子供は潜在意識の塊です。

大声で怒りまくる姿を見て、「この人は自らのコントロールを失っている人だ」ということを感じます。理屈ではなく、潜在意識で感じるのです。自分の心を統御できない大人に叱られても、説得力など感じません。そんな大人に信頼を寄せるはずがないのです。

確信をもって冷静に叱るときにだけ、子供は事の大切さを感じ取ります。

自信がないのだけれど、それでも何とか主導権を握らなくてはならないと必死になっている人は、相手から目をそらそうとしません。そういう人と出会ったら、その目の奥にあるものを感じてみてください。「ナメられちゃいかん」「油断してはいけない」「負けないぞ」という、不安や恐怖心がはっきりと感じられるはずです。

そのようなアイコンタクトは、あなたのカリスマ性を弱めてしまいます。

大切なのは、相手を威圧するような目ではなく、相手を包み込むような目です。理屈から言っても、誰かを包み込むためには、相手よりも大きな存在でなくてはならない。包み込むような目こそが、あなたのカリスマ性をアピールしてくれるサトルティなのです。

相手を安心させるアイコンタクト

カリスマのためのサトルティ・その7は、

「相手を包み込むように見ること」

です。

これは、文字どおりの意味です。つまり、相手の目を見るのではなく、たとえば、相手の上半身全体を見るようにするのです。目線で相手を包むように意識する。このようにすることで、眼差しが柔らかくなると同時に、包み込まれているという印象を相手の潜在意識に与えることができます。

上半身全体を見るというのは、目、鼻、肩、胸と、あちこちに目線を移動させるという意味ではありません。ほんの少し焦点をぼかして、相手の上半身全体を同時に視野に収めるのです。

以前に、この話を私の勉強会でしたときに、ある人が、「それは、右脳速読で本を読むときの目の使い方に似ていますね」と言いました。

そのとおりです。

相手の上半身全体を同時に視野に収めようとするとき、必然的に「周辺視野」で見ることになります。

視細胞には、錐状体《すいじょうたい》と桿状体《かんじょうたい》があります。何かを注視しているときには錐状体が、目の隅でぼんやり捉えているときには桿状体が主に使われます。「周辺視野」で見ようと意識するときには、この桿状体を活性化しているということです。

そして、実は、この桿状体を活性化することで、自分自身を軽いトランス状態に導くことができるのです。トランス状態と言って難しければ、リラックスして、先入観に囚《とら》われない心の状態だと言い換えてもいい。潜在意識が活性化した状態なのです。

つまり、「包み込むように見ること」によって、相手を威圧しないだけではなく、あなた自身もリラックスした状態になれるというわけです。

目線の動かし方に、ちょっとしたコツがある

もちろん、過ぎたるは及ばざるがごとしです。この「包み込むように見る」というのをあまり極端にやりすぎると、本当にぼやけた目線になってしまいます。かえって気味悪い印象を与えてしまいかねません。

ですから、相手としばらく目を合わせているときだけ「上半身全体」を見るように焦点を緩めます。そして、ときおり目線を外して、通常の見方に戻せばいいのです。

ときおり目線を外す、と申し上げましたが、これにもちょっとしたコツがあります。下に目線を移動させると、自信のない印象を与えてしまいます。

下に目線を外すのではなく、相手の肩越しに、向こうにある壁や窓などを見るように目

線を外すのです。つまり、目線を下に落としたり、引っ込めたりするのではなく、グッと先を見るようにするのです。それによって、堂々とした印象のまま目線を外すことができます。

「確かに、柔らかい目で包み込むように見て、ときおり目線を外せば、相手は気持ちが楽かもしれない。でも、ナメられやしないか？」と思っている人がいたら、その疑問そのものがあなたの不安を相手に印象づけるサトルティになってしまいます。

「もし、本当に私に磐石の自信があったとしたら？」と、常に振り返って考えてみてください。本物のカリスマなら、「ナメられやしないか？」という不安など感じるはずがありません。そんなことを憂慮した時点で、「自分はメンバーよりも低いか、あるいはせいぜい対等の存在だ」「自分はメンバーにナメられるようなリーダーなのだ」という暗示を、あなた自身に与えてしまったことになるのです。

《カリスマのためのサトルティ・その8》
「握手」のテクニック

手は、語る

言葉や振る舞い、アイコンタクトなどは上手にごまかせても、押し隠した本心は、手の動きに如実に表れます。

その生理学的な根拠については私の専門ではないので何とも言えませんが、私のセラピーの経験から、そのことが断言できます。

落ち着いて自信たっぷりに見える人がいたら、その人の手の動きに注目してみてください。しきりと手を組んだり、指で忙しなく何かを触っていたりしていたら、本当は不安だったり焦っていたりしていると判断していいでしょう。

しばらくの間、相手の手の動きだけに注意を払って観察してみてください。嘘をついているときや、自意識過剰になっているときには、たいてい、耳に触れたり、首や顔を掻いたりしているはずです。

先日も、テレビを見ていましたら、ある芸能人が「離婚なんて考えていませんよ」と言いながら、耳を触っていました。怪しいなと思っていたら、案の定、数週間後に離婚しました。

手は、本当に多くを語ります。

欧米のコールドリーディング関係の資料の中には、手相に関するものが圧倒的に多いのですが、コールドリーダーが、ニセ占い師の方法として手相を好んで観るのもうなずけます。手相そのものよりも、相手の手に触れることで、実に多くの情報を得られるからなのです。

どの指に指輪をしているかで、こんなことが分かる

余談ですが、心にたくさんの矛盾を抱えている人ほど、やたらに指輪をごてごてとして

いるという傾向も見逃せません。

指輪に関して、コールドリーダーが観察のポイントとしてよく使うノウハウをお教えしましょう。これも生理学的には根拠がないかもしれませんが、コールドリーダーたちは頻繁に活用し、効果を上げているノウハウですから、知っていて損はないでしょう。

親指に指輪をする人は、「不安」を押し隠しています。赤ちゃんが親指をくわえている様子をイメージしてみれば、覚えやすいでしょう。

人差し指に指輪をする人は、「恐怖」を感じています。人を攻撃するときに人差し指で指しますが、恐怖を感じているがゆえに攻撃するのです。

中指に指輪をする人は、「怒り」を抑えていると見ていい。「ファック・ユー」と中指を立てるのを思い出してください。

薬指は、「情緒不安定」を象徴します。結婚指輪を薬指にするのも、「心を他の人に揺らさないでね」という象徴的なメッセージなのかもしれませんね。

小指は、「緊張・ストレス」を象徴します。緊張しているときは、つい小指が立ってしまったりしますね。

もちろん、指輪なんて恣意的にどの指にでもできます。でも、どの指にでもできるはずなのに、「なぜその指を選んだのか？」というところがポイントなのです。たいていは、「何となく、しっくりくるから」という理由でしょう。そして、その理由こそが、潜在意識が心のバランスを取り戻そうとしていることの表れだと考えられるわけです。

人間のすべての行動は、潜在意識的に何かを象徴しているのだと言えるのです。

握手の仕方で印象はがらりと変わる

ということは、手の動きを意識して制御することで、あなたの自信やカリスマ性をサトルティとしてアピールできることにもなります。

自分の不安や焦りが手の動きに表れてしまっていないかをときどき確認してみてください。思わぬところでリーダーとしてのカリスマ性を損ねないように。

このように手は、実に多くのことを語ります。

そのため、握手をすることによって、その人の印象ががらりと変わってしまうことがよくあります。

自信満々だと思っていた人と握手をしてみたら、意外にも弱々しかったり、逆に、謙虚だと思っていた人が力任せに握り締めてきたり――。そんな矛盾した握手に当惑してしまった経験があなたにもあると思います。

ことほどさように、人は、手が本心の多くのことを伝えてしまうことに対して、気づいていないのです。

親しみを強調しながらも主導権を握る握手とは?

さて、リーダーとしてのカリスマ性を印象づけるためには、どのような握手をすればいいのでしょうか?

ただただ力強く握れば自分の自信をアピールできるというものではありません。むしろ逆です。すでに見てきたように、自信をアピールするためには、それをダイレクトに表現してはマイナスなのです。

たとえば、誰かの自慢話に感心したことがあなたにはあるでしょうか? いいえ。自分からダイレクトにアピールする自慢話を聞くたびに、あなたはむしろその人の器の小ささを感じてしまうはずです。

あくまでも、さり気なくアピールすること。それがサトルティの意味でしたね。ですから、力を込めて握手すればするほど、それは自らの自慢話に酔う人と同じで、マイナスの印象を与えてしまいます。

相手を見るときに、「包み込むように見る」というお話をしました。握手もそれと同じです。「相手を包み込める人は、その人よりも大きい人だ」というサトルティが活きるのです。

包み込む、というと、よく握手をするときに横から左手を添えて両手で握手をする人がいます。ボディーランゲージの専門家によれば、このような握手は、誠実さをアピールしているようで、実は、逆の印象を与えてしまうらしいのです。何かが目当てで、一時的に媚《こ》びている。そういう印象を与えてしまうというわけです。

リーダーのカリスマ性をアピールするためのサトルティとしての握手は、次のようにします。

握手をするとき、相手の掌と密着する程度の力を入れながら、お互いに握り合った右手に、あなたの左手を「上から」乗せるのです。

上から乗せることによって、あくまでもあなたのほうが主導権をもつ立場にいることをさり気なくアピールすることができます。しかしながら、相手は強引さを感じることはありません。包み込まれている心地よさを感じるからです。

主導権の所在を明確にしながらも、相手を包み込むあなたの器の大きさをアピールできます。

言葉で伝えられることには限度があります。一度、誰かとこのような握手をしてみてください。相手の表情がほろっと素直に緩むのを感じることができるはずです。

カリスマのためのサトルティ・その8は、

「握手をするとき、左手を上に乗せて包み込むこと」

です。ぜひ、やってみてください。

《カリスマのためのサトルティ・その9》「不安対処」のテクニック

リーダーは簡単に「本音」を語ってはいけない

あるテレビ番組を見ました。しばらく続いた就職難から一転、最近では新卒の売り手市場で、中堅企業では新卒の社員をいかに集めるかで苦心している――そういう状況をドキュメントした番組でした。

番組の中で、ある企業の社長が、コンサルタントなる人たちの指導を受けながら、会社説明会のためのリハーサルをします。ガチガチに緊張して、うまく話せません。

そして、会社説明会、本番――。

社長の動きはぎこちないし、言葉もスムーズに出てこない。それでも、「どうしてもうちに来てほしい」という無骨で真摯な姿勢には、胸を打つものがありました。

しかし、その後のひと言に、私は愕然としました。言葉に詰まった社長は、こう言ったのです。

「私も、緊張しておりまして……」

会社のために真剣になって取り組むその社長の誠実な姿を、私には揶揄《やゆ》する権利はないし、そうしようとも思いません。

しかし、もし私がその会社のコンサルタントであったなら、何としてもそのひと言だけは言わせなかったでしょう。

どんなに緊張してもいい。たどたどしくてもいい。それでも必ず想いは通じます。ですが、「私も、緊張しておりまして……」などという言葉は、リーダーたるもの、決して口にしてはいけないのです。

本音を吐露《とろ》した社長に、参加者たちは安心したでしょうか？　ああこの人も人間だと、ホッとしたでしょうか？　いいえ。彼らとて、遊びに来たのではありません。自分の社会人としての大切な第一歩を、この会社に託そうとやってきたのです。会社説明会に来た参加者のひとりひとりは、かけがえのない自分の社会人のスタートを賭けているのです。どれほどの不安をうちに隠していることかは、自分自身が新卒だった頃のことを思い出せば分かるはずです。

それを大きな懐で受け止めてあげるどころか、「この社長についていって、大丈夫かな？」という不安を彼らに感じさせてしまうことになるのです。

どんな時でも〝カッコつける〟のを忘れるな

緊張していることは、見れば分かります。見て分かることを、なぜ言う必要があるのでしょうか？

それは、社長が、自分自身の気持ちを楽にしたかったからです。

そして、社長が楽になった分、その不安は参加者たちが負うことになる。

参加者の潜在意識に、この社長が言ったひと言がどういうサトルティとなって作用するでしょうか？

本書をここまでお読みいただいたあなたにはお分かりだと思います。「この社長は、私たちに不安を押しつけてでも、自分が楽になることのほうが大切なのだ」ということを暗示してしまうのです。

穿《うが》った見方でしょうか？

そうかもしれません。

しかし、私たちの潜在意識は、このような些細なサトルティを感じ合ってコミュニケーションをしていることを知っているのなら、この社長のひと言の重大さが、理解できるはずです。

すでに何度も申し上げているように、リーダーについていく人たちにとって、自分たちのリーダーには不安を匂わせてほしくないのです。

もちろん、人間は誰だって緊張するし、不安もある。リーダーも人間だから不安もある。そんなことはみんな分かっています。しかし、その当然あるはずの不安を、グッと堪えて表に出さない覚悟の中にこそ、カリスマの本質があるのです。そういう自己統御に、人は安心するし、引きつけられる。これこそが、カリスマの秘密であることは、すでにお話ししてきたとおりです。

誰から見ても、明らかに緊張してうまく喋れない。それでも、そのことを口にせず、最後までリーダーらしくカッコをつけている。

そんなリーダーの姿に、メンバーの潜在意識は、「この人は、自分の中にあるはずの不安を堪えてくれている。私たちの不安を肩代わりして、自らがすべての不安をグッと胆に納めてくれているのだ」と感じるのです。

態度には出ても、口に出してはいけないこと

私の出演した関西のテレビ番組で、「モテない男の子が合コンでモテるように、コールドリーディングのテクニックを教える」という企画がありました。男女三対三の合コン。モテない君として抜擢された男性は、他のふたりの男性よりも、かなり年が上でした。ルックス的にも、他のふたりの男性に比べて、ずっと地味な印象でした。

しかし、モテない原因は、実は外見でも年齢でもありませんでした。問題は、彼の話す内容なのです。ひと言ひと言が、モテないサトルティを醸し出している。合コンでの会話を別室でモニターしていて、「ああ、これは確かにモテないだろうなあ」と思いました。

たとえば、彼は自己紹介で、開口一番、「ボクは、ちょっとみんなよりも年食ってるんで……」と頭を掻きました。

そんなことは、見れば分かるのです。

先ほどの例の社長のように、見れば分かることをいちいち言うメンタリティの土台にあるのは、「先に言っちゃって、楽になろう」という気持ちです。まず自分を楽にしたいと思う気持ちです。

合コンで異性を惹きつけたり、ビジネスでチームを引っ張っていくつもりであるなら、まったくこれはマイナスになるのです。「この人は、まず自分が楽になることのほうが大切なんだ……」というサトルティを構成してしまうからです。

彼が楽になった分、他の人たちが、「そんなに気にしているなら、年齢のことに触れちゃいけないな」と気を使うことになる。「最近の映画の話なんかすると、この人は年齢的についてこれないかな？」などと、いちいち気を使わなくてはならない。

かつて某社が、不祥事を追及されたとき、当時の社長が「私は寝てないんだ」という発言をして、激しいバッシングを受けたのも、「お客さまの健康よりも、まずは自分の健康のほうが大切だ」というメンタリティに消費者が怒りを感じたからです。社長として寝られないくらい大変な事態であることは、誰にだって分かります。しかし、それを口にしてしまうことは、リーダーとしては絶対に許されないことなのです。

カリスマのためのサトルティ・その9は、

「不安は、仮に態度に出てしまったとしても、決して口には出さないこと」

です。

メンバーの潜在意識は、あなたのその覚悟に引きつけられます。あなたについていきたいと感じるのです。

《カリスマのためのサトルティ・その10》
「分かりやすさ」のテクニック

「人を心酔させる人」は「分かりやすい人」

「カリスマ性をもつ人は、どこか謎めいているところがある」とあなたが思っているとしたら、それは間違いです。

カリスマが人々を心酔させる理由は、むしろ、「分かりやすさ」なのです。

ロックスターでもプロスポーツ選手でも、カリスマと言われる人は、実にキャラクターが明確です。イチローはいかにもイチローらしいプレイをしてくれるし、イチローらしいコメントをしてくれます。

仮に「謎めいている」カリスマなら、その「謎めき方」そのものが分かりやすさなのです。

ちょっと例が古いかもしれませんが、「水戸黄門」は、最後に印籠を出して正体を明かすぞ……と、展開が分かっているから人気があるのです。

つまり、反応が予測できるということ。

ビジネスにおいて、部下がことごとく離れていってしまうリーダーがいます。たいてい、部下はそのリーダーを評して次のように言います。

「あの人は、何を考えているのか分からない」

一緒に仕事をしていても、反応が予測できない。まったく同じ完成度の仕事をしたつもりなのに、ある日は褒められ、別の日には叱られる。しかも、なぜ褒められるのか、なぜ叱られるのか、部下はさっぱり意味が分からないのです。メンバーは、いつもリーダーの顔色を窺《うかが》っていなくてはなりません。

「分かりにくい」ことが「不安」と「不信」を生む

テレビのCMなどでは、視聴者がよく知っているタレントを起用します。無名のタレントの中にだって、商品イメージにぴったりの人がいるはずです。そういうタレントを使えば、制作コストだってずっと安くつくだろうに、たいていは、知名度の高いタレントを使います。

なぜでしょうか?

人間の心には、意識と潜在意識があります。

意識は新しいことに果敢にチャレンジしたがります。しかし、潜在意識は、変化を恐れるのです。恒常性――つまり、常に現状を維持しようとするメカニズムが働く。

あなたが今よりも若かった頃のことを思い出してみてください。何か新しいこと、ちょっとリスクのあること、冒険をしてみたいと思ったはずです。でも、新しい何かにチャレンジしようとすると、あなたのお母さんは何といいましたか? 「危ないから、やめておきなさい! 今のままでいいじゃない」というようなことを言ったはずです。

潜在意識は、母親のようなものなのです。あなたを守るためにこそ、できるだけ未知のものに対して反発するようにできているのです。

したがって、CMでも、まったく見たこともないタレントが登場すると、視聴者の潜在意識は抵抗します。その抵抗が商品のイメージにマイナスに作用するとなれば、お金をかけても誰もが知っているタレントを起用したいと思うのは当然です。

本書でお話ししてきたことに一貫している考え方は、「人は誰でも不安を隠しもっている」ということ。だからこそ、不安を表に出している人が近くにいると、それに共鳴して、押し隠していた自らの不安が噴出してしまう恐れがあります。

ちょうど、悲しい場面に遭遇して、「泣くまい、泣くまい」と涙を堪えていたのに、誰かが泣き出してしまうと、それにつられて自分も泣いてしまうのと同じです。

だからこそ、不安をアピールする人からは、みんな離れていってしまうのです。

そのことはお分かりいただいていると思いますが、そういった不安を和らげてくれるものが「分かりやすさ」なのです。

スポーツ選手が試合に際して不安になる。なぜでしょうか？　負けるかもしれないからでしょうか？

いいえ。むしろ、「勝てるかもしれない」からこそ不安にもなるし、緊張もするのです。

一〇〇パーセント絶対負けると分かっている試合で緊張する選手はいません。つまり、どう展開するのか予測がつかないから不安なのです。

カリスマのためのサトルティ・その11は、メンバーの不安を揺らさないために、

「リーダーのあなたは『分かりやすく』なければならない」です。

自分の〝キャラ〟を決め、それを相手に分からせる

リーダーとしてのカリスマ性を漂わせるためには、あなたというリーダーが「（メンバーにとって）どういうリーダーであるか」を、まず、あなた自身が明確に意識しなくてはなりません。

少し、考えてみてください。あなたの性格、容姿、能力などから考えて、あなたはどういうリーダーとしてメンバーに接するのがベストでしょうか？

チームはあくまでも個人の集まりと考え、常にメンバーの自由意志を受容的に尊重するリーダーなのか。メンバー個人個人よりも、チーム全体の調和を第一に尊重して厳しく統率するリーダーなのか。

どのような表現でも構いません。一行か二行程度にまとめて、あなたがどのようなタイプのリーダーとしてメンバーを統率したいのかを、整理してみてください。

「私は、チームのパフォーマンスのためには、メンバーが健康を損ねたところで構わないほど、徹底した成果主義のリーダーだ」というのは、あまりにも非常識です。あくまでも、常識の範囲内で考えるべきであることは、言うまでもありません。

そして、自ら決めたその性格づけに、可能な限り合わせて行動するようにするのです。受容的なリーダーであったはずが、ある日、突然に厳しい態度に出ると、あなたのカリスマ性は損なわれます。厳しい態度そのものが問題なのではありません。「いつもと違う」ことが、メンバーの潜在意識の不安を煽るのです。

もちろん、あなたが自らに付与したその性格に反発するメンバーもいるでしょう。全員に気に入られる性格など有り得ません。しかし、反発はあっても、それはあくまでも意識のレベルでの反発です。

あなたの性格づけがどのようなものであろうとも、それが「分かりやすい」限りにおいて、そして一貫している限りにおいて、メンバーの潜在意識は安心し、あなたについていこうと感じるのです。

《カリスマのためのサトルティ・その11》
「落ち着き」のテクニック

人やモノに振り回される人は絶対信用されない

昔の船乗りたちが航海をするときに、広大な夜空の中でほとんど動かない北極星を目印にしたのと同じように、めまぐるしく変わる現代だからこそ、私たちはどこか心の奥で、変わらないものを求めています。

樹齢何百年という大樹に抱きついてみたことがありますか？　とても癒されるのが感じられるはずです。どっしりと動かないもののそばにいると、理屈を越えて、心の揺れが収まってくるものです。

一般的にカリスマと言えば、わがままで頑固というイメージがありますが、それもある意味、的を射ていると言えます。

「どうしてあんなわがままなヤツにみんな心酔するんだ？」と言う人がいますが、わがままだからこそ、その人に心酔するのです。わがままで頑固というのは、つまり、自分のスタンスを崩さないということだからです。

落ち着きのある人、ない人はここが違う

人は、動かないものを求めています。動かないものに心を惹かれます。

その動かない様を、人は、「落ち着き」と表現します。

落ち着いている人のそばにいると、安心できます。

これまで何度も繰り返して申し上げてきたように、メンバーは自分を安心させてくれるリーダーのもとに集まってくるのです。

「落ち着き」と言っても、もちろん、じっとして身体を動かさないことを言っているのではありません。自分がどれだけ胆の据わった人間であるかをアピールする武勇伝を吹聴しろと言っているのでもありません。リーダーの「落ち着き」は、感じられるべきものであ

って、アピールされるべきものではありません。

「落ち着き」を得るために、大自然に触れたり、坐禅や瞑想などができればいいのですが、忙しいリーダーのあなたにとっては、そのような贅沢な時間は取れないというのが現実でしょう。

そこで、日々の生活の中で、リーダーに必要な「落ち着き」を身につけるためのノウハウを紹介します。

これからお話しすることは、なかなか言葉では伝えにくいところがあります。おそらく、「こんなことで落ち着きが得られるとは信じられない」と思われる方がほとんどだと思います。

しかし、このサトルティを繰り返し実践してくれた人たちは、一様にその効果の絶大さを感じてくれています。

「ゆっくり食べる」習慣を身につける

カリスマのためのサトルティ・その11は、

「ゆっくり食べること」

です。

どんなに忙しいあなたでも、食事を取らないわけにはいきません。どうせ必要な食事の時間なら、それを利用してカリスマのトレーニングをしよう、というわけです。

方法は極めてシンプルです。

いきなり食べ物を口に運んで、ろくに嚙みもしないで飲み下す――おそらく、あなたはそれに近い食べ方をしているのではないでしょうか？　新聞を読みながらとか、テレビを見ながら、あるいは仕事のことを考えながら食事をしているはずです。

しかし、このトレーニングにおいては、食事をしているときには、その食事のことだけに集中するのです。

分かりやすい例を挙げましょう。

たとえば、お昼にコンビニのサンドイッチを食べようとしているとしましょう。まず、あなたがすべきことは、パッケージを十分に観察するのです。どこで作られたものか、どんな材料から作られているものか、何という製品名がつけられているか――。まず、パッケージからできるだけ多くの情報を読み取ることに意識を集中させてください。

パッケージを開けます。いきなりかぶりつかずに、まず、そのサンドイッチの外観を楽しみます。パンの質感だとか、中に挟まれている食材の様子だとか。

まだ、食べてはいけません。

次に、匂いをかいでみてください。食材の香りを感じてみるのです。

そして、ひと口、口に入れます。その際にも、歯でパンを嚙んだ瞬間の感触に集中します。味覚はもちろん、口の中での食感にも気持ちを集めてください。

できるだけ長く嚙む。嚙むたびに変わっていく味、食感を感じます。

存分に嚙んだと思ったら、ゆっくりと飲み込みます。そのときにも、食べ物が喉を通り、食道を通り、胃袋にポトンと落ちる様子をイメージします。

ひと口分が、胃袋に納まったことを確認してから、次のひと口を同じように食べてみるのです。いつもだったら五分程度で食べ終えてしまうサンドイッチに、許される限りの時間をかけてください。おそらく、全部を食べ切れないうちに、満腹になってしまうことでしょう。

やってみると、イライラしてしまう人も少なくないと思います。私もはじめは逆にストレスを感じてしまいましたから、このトレーニングを途中で投げ出してしまう人がいても、十分に理解できます。

ですから、すべての食事をこのようにゆっくり食べろとは申しません。一日のうちに一度だけでもいいし、週末のランチだけはゆっくり食べることを心がけようと決めるのもいいでしょう。

集中力を高める簡単トレーニング

「でも、食事だけはやっぱり普通に食べたい」とおっしゃるのであれば、同じ効果をもたらす別の方法もあります。

何でも結構ですので、できるだけシンプルな「小物」を用意します。ペンやカギ、タバコといった、シンプルな小物が望ましいでしょう。携帯や写真、本など、それ自体が多くの情報をもっているものは望ましくありません。

たとえば五分間と決めたら、その時間だけは、手にしている小物を徹底的に観察してみるのです。

ただし、この五分間は、その小物のこと以外はいっさい考えないように集中します。普段はあまり注意して見ていなかったその小物の外観から、真剣に、できるだけ多くのことを観察しようと努力してください。

もちろん、いくら集中しようとしても、たかがシンプルな小物。つい退屈して、途中で別のことをぼんやりと考えてしまうでしょう。そんなときにも、すぐに小物に気持ちを戻してください。

五分である必要はありません。一〇分でも、三分でも構いません。ただ、自分で決めたその時間だけは、できる限り他のことを考えないようにします。ただただ、その小物だけに向き合うのです。

「ゆっくり食べる」という方法がしっくりこない方は、小物を使うこの方法で代替できます。「それでも、毎日実践するのはやっぱり無理」と言うのであれば、せめて、何かのトラブルに直面して不安になっているときにだけ、思い出してやってみてください。これだけのことで、驚くほど心が落ち着いてくるのがはっきり分かるはずです。

なぜ落ち着いてくるのか。

このトレーニングをすることによって、「今、この瞬間」に集中できるメンタリティが養成されるからです。

「今、この瞬間」に集中するということの意味は、次の12番目のサトルティで詳しくお話ししますが、これが本書の中でもっとも重要なコンセプトです。

ここで紹介したトレーニングは、この最後のサトルティをより確かなものにするための土台となるのです。

《カリスマのためのサトルティ・その12》
「トラブル対処」のテクニック

問題を〝必要以上に〟大きくしていないか？

スギ花粉の季節が近づくと、テレビでも「今年の花粉の量はどうのこうの――」と、不安を煽《あお》るようにはやし立てはじめます。それを見て、「また今年もあの苦痛が襲ってくるのか……」と、ビクビクしてしまう人もたくさんいます。今まで平気だった人も、「これまで身体の中に蓄積された花粉の量が臨界値を超えて、いつ自分も花粉症になるか分からないぞ」などと心配するほどです。

花粉症の原因は今もまだはっきりとしたことが分かっていないのだそうです。まして、私は医者でもないしアレルギーの専門家でもないので、花粉症を克服する方法について語れる立場にはありません。

しかし、自分自身の体験として、花粉症が少しだけ楽になる方法を知っています——。「ちょっと待って！　リーダーのカリスマ性の話と花粉症の話に、いったい何の関係があるの？」という声が聞こえてきそうですが、大いに関係があるからお話ししているのです。決して寄り道をしているわけではありませんから、花粉症に関心のない方も、ちょっとだけ我慢しておつき合いください。

セラピストや催眠療法家として、人間の潜在意識というものに取り組む仕事をするまでは、私自身も、それはそれはひどい花粉症でした。

シーズンになる前に、「備えあれば憂いなし」とうそぶきながら、ごっそりと薬を買い込みました。もちろん、いくら備えがあっても、やっぱり憂いはあるのですが、薬を持っていないと心配でならなかった。大きなマスクをし、仕事中でも五分おきに目を洗いに洗面所に駆け込むというようなありさまでした。

それが当たり前だと思っていました。

ところが、あるとき、不思議なことに気づきました。

私は、毎晩、瞑想や自己催眠をやっていたのですが、「そういえば、トランス状態に入っているときには、目も痒《かゆ》くないし、くしゃみも鼻水も出ないな」ということに気づいたのです。

しかし、トランス状態から覚醒してしばらくすると、やっぱりまた目が痒くなったり、鼻水が出てきたりする――。

「どんな苦しみも、三分の一にできる」

トランス状態といっても、身体が変わって別人になるわけでもありません。「ということは、ひょっとすると、気にするからひどくなるのかな？」と考えました。

誤解しないでください。花粉症は気のせいだと言っているのではありません。れっきとしたアレルギーで、身体の反応であることは確かでしょう。

ですが、本来の、止むを得ない身体のアレルギー反応を、気持ちで増幅してしまっているのだと考えることはできる。つまり、純粋に身体の反応だけであれば、本当は我慢できないほどの苦痛ではないのかもしれない。それを気にすることで必要以上に苦しみを膨《ふく》らませてしまっているのではないか――？

そう考えたのです。

それに気づいた日から、私は薬を捨て、マスクを捨て、「本来のありのままの花粉症」を感じてみようと決心しました。気持ちで膨らませることなく、正味の花粉症の苦痛はどれほどのものか、確認したかったのです。

確かに目は痒いし、鼻水も出る。けれども、「肉体的な苦痛だけ」に集中してみると、それほどの悲劇ではないということに気づきました。そして、それを甘んじて受け止めることにしました。

ところが、翌シーズンになると、「ちょっと痒いな。そろそろ花粉が出てきたかな？」と感じる程度で、あれほどひどかった花粉症の症状はピッタリと消えてしまいました。

お医者さまがこれを読んでいたらお叱りを受けるかもしれません。私は、読者のあなたに同じように薬を捨てろと言っているのではありません。マスクを外せと言っているのではありません。そんなことを勧める立場に私はありませんし、勧めるべきでもありません。これからカリスマに関して申し上げることを、より深く理解していただくために、自らの個人的な花粉症克服体験をお話ししたのです。

現代催眠療法の父として今も尊敬される故ミルトン・H・エリクソンは、身体的な痛みについて、次のようなことを言っています。

「あなたが本来耐えるべき痛みは、今の三分の一でいいはずなのです。余分な三分の二は何かというと、まず、過去の痛みの記憶。そして、将来の痛みへの不安です。だから、『今、この瞬間』の現実の痛みにだけ向き合えば、あなたが感じる痛みは今の三分の一になる。三分の一になれば、それはもうほとんど気にならない痛みになるはずです——」

私たちは、与えられた苦しみを、自分の心で勝手に三倍にしてしまっているということ。

「去年も花粉であんなに苦しんだから——」とか「ああ、これから暖かくなるともっと花粉が増えるんだろうなあ——」などと不安がるから、現実のアレルギーの苦しみが三倍になってしまうのです。

「現実に向き合うべき正当な痛みはどれほどのものか?」と覚悟してみれば、案外、恐れるに足りないものであることに気づくはずです。

トラブルを〝最小限にとどめる〟画期的な方法

遠慮なく言わせてもらえば、私は神様を信じているので、「そもそも、人生において、恐れるに足りる苦しみなどもたらされないはずだ」と思っています。あなたが背負いきれないほどの不幸など、与えられるはずはないのです。あなた自身の心が、いたずらにそれを膨らまさない限りは――。

「他人の痛みだからどうとでも言えるんだ」と思うでしょうか？　いいえ。エリクソンという人は、自らもポリオの激痛と闘いながら約八十年の生涯を強く生き抜いた人です。痛みや苦しみというものがどういうものか、身をもって知っている人の言葉だということを忘れないでください。

ここまでの話を素直に聞いてくださったなら、私が申し上げたいことはもうお分かりだと思います。

最後のカリスマのためのサトルティ・その12は、

「トラブルのときほど、『今、この瞬間』に集中すること」

です。

トラブルのときほど、チームが効率的に機能するためにリーダーの自信や落ち着きが求められます。もちろん、リーダーのあなたも人間。不安もあるし、心が揺れることはあるでしょう。

そんなときこそ、思い出してください。

「このトラブルは、本当は三分の一でいいはずだ。『今、この瞬間』にやるべきことに向き合い、それを淡々とこなしていけば、乗り切れないはずはない！」

天地がひっくり返るほどのトラブルに際して、落ち着いて対処できるリーダーほど、チームメンバーたちにとってカリスマ性を感じるものはありません。

「実績ができれば自信がもてる」は間違い

「実績」と「自信」は関係ない

自信のない人の話を聞いていると、決まってこういうことを言います。

「何か実績ができれば、私にも自信がつくのに……」

しかし、この考え方はまったく間違っています。

現実は、その反対です。

実績をつくるためにこそ、自信が必要なのです。実績というものは、偶然に天から降ってくるものではありません。実績がなければ自信がもてないと言うのなら、そもそも永遠に実績をつくることなどできない。ましてチームメンバーを導くリーダーとしての実績ならなおさらです。

だから、理論的に考えても、最初の自信は「ブラフでなくてはならない」ということ。最初に自信をつくらなくては、実績は生まれない。最初に自信をブラフすることで、何とかぎこちないながらも実績が生まれる。そしてその実績が本物の自信へとつながっていくのです。

自分の魅力を磨き、人を育てる

本章で紹介した「カリスマのための12のサトルティ」を心がければ、最初の実績を生み出すのに必要なリーダーとしての求心力がにじみ出てきます。たいていは、自分で実感するよりも前に、メンバーたちがあなたの落ち着きを察知します。

確かに些細なことの積み上げではありますが、人間というのはその些細なことを感じ合って生きているものです。

決して侮るべきではありません。

本章では、リーダーとしての心のあり方の重要さと、そのカリスマを育てるための具体的な方法についてお話ししました。

さて、自分の中にカリスマを育てながら、あなたはメンバーを導かなくてはなりません。コールドリーディングには、メンバーを導くためのヒントがたくさん隠されています。

次章では、メンバーを動かすためのコールドリーディングの話術、そして、メンバーひとりひとりの特性に応じて効率的・効果的にチームをマネジメントしていくための究極の性格分析法などについて解説します。

PART 4

部下を効果的に褒め、叱る、「コールドリーディング」活用法

褒め方・叱り方の基本
～ズームイン＆ズームアウト

ズームアウト――相手の心の核心に徐々に入っていく方法

チームマネジメントにおける重要なノウハウを解説する上で、理解していただきたいコンセプトがあります。そこで、少しだけ寄り道をして、コールドリーダー、つまりニセ霊能者のテクニックのお話をさせてください。

ニセ霊能者と相談者とのやりとりを見てみましょう。

「あなたは、今、人間関係に悩んでいますね？」

「はあ、人間関係……ですか？」

「ふたつの意見がぶつかり合っているのを感じます」
「いえ、人との関係はとくに問題なく――」
「そうですか？　あなた自身の中で、別々の自分がぶつかり合ってはいないですか？」
「ああ、はい。そうです。迷っていることがあって、どちらを選んだらいいのかと――」
「あなたの中にもたくさんのあなたがいます。だから人間の心というのは複雑になってしまうんです。あなたの中での人間関係を調和させることがまず必要なんです」

この例において、ニセ霊能者は、相談者に対して、「人間関係の問題がある」と指摘しました。

それは恋愛かもしれないし、親子関係かもしれない。わがままな上司の下で働く悩みのことかもしれないし、取引先とのトラブルかもしれない。

「人間関係」という言葉は、とても広い意味をもっているし、それだけに相談者の悩みにヒットする可能性が高い。あらゆる意味において、人間関係の問題がまったくないと断言できる人などまずいないはずです。

だから、このニセ霊能者は、「人間関係」という言葉でカマをかけたのです。それによって相談者から情報を引き出そうと試みたわけです。

ところが、相談者にとっては、人間関係の悩みよりももっと深刻な問題があったようで、「人間関係の問題」という指摘にはピンとこなかったようです。

つまり、コールドリーダーはミスをしてしまったわけです。

そこで、コールドリーダーは、もともと広い意味のある「人間関係」の意味を拡大解釈して、さらに広い意味までカバーさせてしまうことで、このミスを回避しています。

「あなたの中には、いろいろなあなたがいる。それが矛盾しているから葛藤がある。私の言った『人間関係』とは、あなたとあなたとの人間関係のことを意味しているのです」というスタンスを取ります。

このように、本来の意味を拡大解釈することでミスをヒットに繋げるテクニックを「ズームアウト」と言います。

そんな無理矢理な詭弁《きべん》が通用するのかと疑問に思う方もいるでしょう。しかし、コールドリーダーが断固とした自信——つまり、カリスマ性を漂わせることによって、相談者のほうも、「ああ、そういう意味だったのか。それならば確かに当たっている」と感じてしまうものなのです。

ズームイン――こうしてポイントを絞り込む

「ズームアウト」に対して、「ズームイン」というテクニックもあります。

先ほどのやりとりの続きを見てみましょう。


「あなたの中にもたくさんのあなたがいる。だから人間の心というのは複雑になってしまうんです。あなたの中での人間関係を調和させることがまず必要なんです」

「はい」

「やめようと思っている自分と、とどまろうと思っている自分がいますね？」

「そうなんです。今、やめて、次があるかどうか……」

「しかし、あなたは今の仕事に満足できていない」

「はい」

「やりたいと思っている仕事があるのでしょう？」

「そうなんです。でも――」

「経済的な心配がある。今のところにとどまっていれば、給料は保証される」

「そうです。そうなんです」

「あなた自身の中で、別々の自分がぶつかり合っている」というところから、「やめようと思っている自分と、とどまろうと思っている自分がいる」というところにまで、意味を絞り込みました。つまり、「ズームイン」したのです。

もちろん、この段階では、コールドリーダーも、相談者が何を「やめよう」としているのかは、まだ分かっていません。ですが、少なくとも、恋愛とか不倫の問題というのはあり得ません。もしそうだったら、そもそも最初の段階で「人間関係の問題」というフリに対して、すぐに肯定的に答えたはずだからです。

ということは、仕事がらみである可能性が高くなります。

案の定、相談者は、「今、やめて、次があるかどうか」と答えています。この言い方から、ほとんど「仕事をやめようかどうか」という悩みであることは容易に予測がつきます。

そこで、さらにズームインして、「あなたは今の仕事に満足できていない」とヒットさせます。満足できていたら「やめよう」などと考えるはずはないので、安全なズームインと言えます。

これがヒットしたので、さらにズームインして、「やりたいと思っている仕事がある」と言いました。そして、これもヒットだったので、相談者が今の仕事をやめる決断がつかない理由はほぼ明確です。「経済的な問題」であるか、「義理人情の問題」であるかに絞られるはずです。しかも、もし「義理人情」でやめられないということだったのなら、これも、最初の「人間関係の問題」というフリに対して、肯定的に答えたはずなのです。つまり、「経済的な不安」と考えられます。

したがって、「やりたい仕事があるけれど、経済的な不安から、今の仕事をやめられないでいる」というところまで、相談者の悩みを絞り込むことができるのです。

人は〝認められたとおり〟に成長するもの

リーダーとしてのあなたも、「ズームアウト」「ズームイン」を駆使することで、メンバーとの会話をスムーズにすることができます。「この人は、私のことを分かってくれる」と思わせるコミュニケーションが可能になります。

しかし、私がここで「ズームアウト」「ズームイン」のお話をしたのには、別の目的があります。

それは、「褒め方と叱り方」に活用してもらいたい、ということです。

どういうことでしょうか？

まず、「人は、認められたとおりに成長するものだ」ということを覚えておいてください。

このことを理解するために、やや極端な例を挙げます。

あなたのメンバーが、非常にがんばって、その結果、三億円の契約を取ってきたとしましょう。

ここであなたが、「君は、本当にデカイ契約を取ってきてくれた。おかげで、今年の売上目標を達成できたよ」と、そのメンバーを褒めたとしましょう。

彼は、どのように成長するでしょうか？

彼の中で、「次もデカイ契約を取ろう」「これからも売上目標に貢献しよう」という思いに焦点が当たります。

もちろん、それがうまくいっているうちはいい。しかし、思いどおりに契約が取れなくなってくると、彼の中に「このままでは認めてもらえない」「期待に応えられない」という焦りが生まれてきます。そこで、最悪の場合には、契約書を改ざんしたり、お客さまを騙して契約を取ってきたりしはじめます。そういうことができない人ならば、ただただ落ち込んで、仕事をする気持ちが萎えてしまうことでしょう。

最初は誰もが誠実に純粋にビジネスをしているのに、リーダーが褒め方のポイントを間違えると、このように歪んだメンバーを作り出してしまうことになります。

結果だけではなく、結果をもたらした心の持ち方を評価する

「人は、認められたとおりに成長する」ということを、もう一度、思い出してください。彼が真面目にがんばった結果、デカイ契約を取ってきたときは、あなたは次のように褒めるべきなのです。

「君は、本当に真面目にがんばってくれた。ありがとう！」

そのメンバーにとってみれば、「デカイ契約」を取ってきたことを認められたのではなく、「真面目にがんばった」ということを認められた。デカイ契約は、あくまでもその結

果だと理解するのです。

だから彼は、次も「真面目にがんばろう」と思い、そのように成長するのです。

子供を指導するときでも同じです。

一〇〇点を取ってきた子供に、「一〇〇点を取ってクラスで一番とはスゴイな!」と褒めたなら、子供には、「一〇〇点を取らなくてはならない。クラスで一番にならなくてはならない」という方向性しか与えてあげることができません。

そういう褒め方をされた子供は、勉強することに対して喜びを感じるのではなく、一〇〇点を取ることにしか喜びを感じられなくなってしまいます。うまくいかなくなったら、やる気をなくすか、カンニングをしはじめるかもしれません。

「一生懸命に勉強して、偉いぞ」と評価してあげれば、子供は、「点数は結果だ。大切なのは一生懸命に勉強することだ」と理解し、勉強に喜びを感じるように成長するのです。

褒めるときには「拡大解釈」で!

つまり、メンバーを褒めるときには「ズームアウト」して褒める。できるだけ拡大解釈して褒めるのです。

あるメンバーが、他のメンバーの仕事をサポートしてあげて、チームの仕事がはかどったとします。あなたは、「○○君をサポートしてくれてありがとう」とねぎらうかもしれません。それも決して悪くはありません。

しかし、もっとパワフルな褒め方は、彼のしたことを褒めるのではなく、彼の本質を褒めるのです。それによって、そのメンバーはより「拡大解釈」して成長します。

「君は自分のことばかりでなく、チーム全体のことを考えてくれた。本当に君は心の広い人間だ」

このように褒めれば、ただ単に仲間をサポートすることだけに限らず、彼はこれからもチーム全体を考えたあらゆる行動に心を注ぐだろうし、広い心でチームを支えてくれることでしょう。

褒められれば誰でも嬉しいのです。だから、メンバーを褒める前に、「どこまで広げて褒められるか」を、ちょっと立ち止まって考え、遠慮せずに思いっきり拡大解釈して褒めてあげてください。

叱るときには「ポイント」だけを！

もう一度、繰り返します。

「人は、認められたとおりに成長するもの」なのです。

このことは、叱り方においても考慮する必要があります。

たとえば、あるメンバーが大切な会議に遅刻してきたとします。

あなたは彼を呼び出し、次のように指導します。

「大事な会議だと言っておいただろう？　君はいつも大事なときに限って遅刻してくる。社会人としての自覚がないぞ」

さて、彼が叱られるべきポイントは、「今日の大事な会議に遅れてきた」ということだけであるはずです。しかし、「いつも大事なときに限って遅刻する」とか「社会人としての自覚がない」と「拡大解釈」して叱ることによって――つまり、そのように認めることによって、彼はそのごとく成長してしまうのです。

「いつも大事なときに限って遅刻する」というのは、事実でしょうか？　大事な会議に、彼は一〇〇パーセント遅刻してきたのでしょうか？　実際には、ほんの数回ではなかったのでしょうか？

「数回だって、由々《ゆゆ》しきことだ」とあなたは言うかもしれない。しかし、「数回」のことを「いつも」と「拡大解釈」して叱ることで、彼の振る舞いは今より悪くなります。さらに「社会人としての自覚がない」とズームアウトすることで、彼の悪癖は遅刻にとどまらなくなることでしょう。そのように認められたからです。

したがって、叱るときには、「ズームイン」する。できるだけ、絞り込んで叱る。「今日の会議に遅刻したことを、反省してほしい」と言えばいいのです。

「君には、他はいいところがいっぱいあって、チームに貢献しているところがたくさんある。でも、今日の遅刻は反省してほしい」という気持ちを抱きながら叱ることで、より効果的にメンバーを指導することができるのです。

> 褒めるときには、できるだけ「ズームアウト」して褒める
> 叱るときには、できるだけ「ズームイン」して叱る

問題のあるメンバーを導く方法
～コンシャス＝アンコンシャス・ダブルバインド

こんな叱り方は最悪

電車の中などで子供が騒いでいると、両親が「静かにしなさい！」とたしなめる。そういう光景をよく目にします。

しかし、それで静かになる子供などいるでしょうか？「静かにしなさい」と言われて静かにできるくらいなら、最初から騒いではいません。子供は意識して騒いでいるわけではなくて、もっと深いところの衝動から騒いでいるのですから。

できないことをしろと言われても、無理な相談です。そんな無理を押しつけながら、相手が思いどおりに動かないことでイライラするなどというのは、まったくエネルギーの無駄遣いとしか言いようがありませんが、私たちはついついそういう指導の仕方をしてしまうことがあります。

チームを導く際にも、同じようなことが起こります。

「もっと積極的に発言してくれよ！」

「遅刻するなよ！」

「ヤル気を出せ！」

などと言っても、それは無駄なことです。

そう言われて、積極的になったり、遅刻をしなくなったり、ヤル気を出せるくらいなら、本人だって最初からそうしています。

つまり、メンバーが、積極的になれなかったり、悪いと思いながらもついつい遅刻をしてしまったり、どう頑張ってもヤル気が湧いてこないとしたら、それは、意識の問題ではないということです。無意識的に、ついそうなってしまうのです。

自分でも頑張っているのにどうしようもないことを、ただ改善しろと上からガミガミ言われても、ますます自己嫌悪に陥るばかりです。

とくに、「叱りつけながら伝えるメッセージ」というのは、多くの場合、意識にしか影響を与えることができません。もちろん、意識に諭してメンバーが変わるようなことなら、それは普通に意識に語りかければいい。「企画書は金曜日までにあげてくれ」という指示なら、そう伝えればいいのです。

メンバーの潜在意識を動かす「秘策」

ですが、分かっていても本人もどうしようもないというようなことはあるはずです。リーダーに言われなくとも、本人が一番「ヤル気を出したい」と思っているのです。そうしたいのは分かっているけれども、どうしてもそうできない――。問題は意識の努力ではなくて、潜在意識にあるのです。

こんなふうに、本来はメンバーの潜在意識に伝えるべき指示を、意識にいくら叩き込んでも不毛です。では、どうしたらいいのでしょうか?

ここでは、メンバーの潜在意識を動かすための「秘密」をお教えします。

もちろん、どんな場合にも確実にうまくいくというものではありませんが、少なくとも、意識に向かってできない相談をするよりも、はるかに効果があるし、意味のある指導方法です。これは、「コンシャス＝アンコンシャス・ダブルバインド」と呼ばれる、非常に高度な潜在意識テクニックなのですが、すぐに簡単に使えるように、嚙み砕いて、分かりやすく解説します。

ですから、シンプルなテクニックだからといって、その価値を侮らないでください。

部下のモチベーションを高める指導法

たとえば、「ヤル気を出せ」と言われても、意識ではできない。そういうメッセージをBとします。

それとは別に、意識でできることもあるはずです。「○○部長について、一日お客さんのところを回ってみてくれ」というのは、意識でできることです。このように、意識でできる何らかの行動をAとします。

・意識ではできないこと（B）
・意識でできること（A）

Bを動かすために、Aを使います。

ちょっと頑張れば意識でできるAを導火線にして、意識では本人もどうしようもないBを活性化させることができるのです。

つまり、たとえば、次のように言います。

「○○部長について、一日お客さんのところを回ってみるといいよ。明日あたり、どうだろう？　○○部長の仕事ぶりを生で体感すれば、君もヤル気が出てくるはずだよ」

このセリフの後半部分は、あまり強調せずに、さらっと話すのがコツです。

そして、実際に○○部長につきそって、一日、お客さまのところを回らせるのです。これは、もちろん本人にも意識でできます。

意識でできる「○○部長と客先を回る」という行動（A）を実行すると、それを完結したときに、潜在意識の中でBが動きはじめるのです。

本人の中で、なんとなく「ちょっとヤル気が出てきた気がするなあ」という気分になってくる。

このように、意識ではできないこと（B）をさせるには、まず、意識でできること（A）をさせて、それにBを結びつけるセリフをもって指導するのです。

「Aすれば、Bになる」というように指導するのが公式です。

遅刻する部下への指導法

どうしても毎日遅刻してしまうメンバーには、

「金曜日だけは定刻に来るようにしてみるといいよ（A）。週末の休み前だから、頑張ればできるだろう？　金曜日だけでも遅刻しないようにすれば、時間どおりに起きるリズムがついてくるかもしれないよ（B）」

もし、本人も遅刻を改善したいと思っているなら、何とか金曜日だけは頑張って定刻に出社してくるでしょう。そして、「金曜日に定刻に出社する（A）」ということを達成したときには、本人の潜在意識に、「時間どおりに起きるリズムがついてくる（B）」という「暗示」が効いてくるのです。

慌てている部下への指導法

ひどく慌てている部下がいるとします。「まあ、落ち着いて話せよ」と言ったところで無駄です。落ち着けるくらいなら、最初から落ち着いています。だから、次のように言います。

「まあ、お茶でも飲んで（A）、それからゆっくり落ち着いて話そうじゃないか（B）」

どんなにパニックになっていても、お茶を飲むという行為は意識でできます。そして、お茶を飲んだ時点で、その行為そのものが、「落ち着いて話す」という潜在意識への暗示となって効果が出てくるのです。

自信を喪失している部下への指導法

自信のないメンバーには、

「この仕事にチャレンジ（A）してみないか？　失敗しても成功しても、やりとげた達成感は味わえる（B）し、それが自信につながってくる（B）かもしれないからね」

このように、AからB、BからBともっていくことで、より深く潜在意識に影響を与えることができるのです。

会議でメンバーを鼓舞する方法

全体会議で指針を与えるときにも、

「これから話すことは、たぶん、すぐにはできないことだと思うかもしれない。でも、まずは最後まで私の話を聞いてほしい（A）。最後まで素直に聞いてくれれば、みんなも自分なりに何ができるか考えが浮かぶ（B）こともあるだろうし、そうなれば、いま行動を起こせることが何かしら見つかる（B）はずだと思う。さて——」

このように前置きを置いてから話しはじめても、あなたの説明が終わった頃には、この冒頭のセリフを言われたことは、メンバーたちは忘れています。しかし、意識では忘れるけれども、潜在意識では次のようなことが起こるのです。

「リーダーの話が終わったな。待てよ、この話を聞き終わったときには、何かが起こるんだったな？　何だったかな……そうだ、『自分なりに何ができるかという考えが浮かぶ』んだったな。よし、そうしよう。浮かんだぞ。ええっと、考えが浮かんだら次に何か起こるはずだったな？　何だったかな……あ、そうか、『いま行動を起こせることが見つかる』んだったな！」

ゼロリスク・ハイリターンのすごい話術

くどいようですが、頭でそう考えてそうなるのではありません。頭ではすっかり忘れていても、潜在意識に暗示としてそういう反応が出てくるのです。

いかにも「狙っている」感じの話し方では、スムーズに通りません。あくまでも、さらっと自然なセリフの中で言うと効果が出やすくなります。

もし、目に見えた効果が出なかったとしても、あなたは何も失うものはありません。すでに注意を申し上げたように、極端にBを強調しなかったなら、「AすればBになるかもしれないよ」というあなたのメッセージは、ほとんどの場合、Aを終えたときには意識では忘れられてしまっているのです。だから、「Aしたのに、Bにならなかったじゃないか」という反発は現実的にはまず起こりえないのです。

したがって、これは「ゼロリスク・ハイリターン」のテクニックですから、積極的にリーダー・トークの中に組み込んでみることをお勧めします。

人を潜在意識から説き伏せる方法

ニセ占い師の巧みな予言術に学ぶ

参考のために、この「コンシャス＝アンコンシャス・ダブルバインド」がコールドリーディングにおいては、どのように活用されるかについても紹介しましょう。

コールドリーダーは、ニセ占いの最後に、次のように言います。

「おそらく……あなたの部屋はあまり整理されていませんね？」
「ああ、はい。なかなか掃除をする時間がなくて、つい――」
「それがいけないのです。まず、必ず部屋をきれいにしてください。無駄なものは思い切って捨ててしまってください」

「はい——」

「整理整頓して、部屋の気の流れをよくすると、あなたには運命の出逢いが訪れます」

「そうですか？　じゃあ、今度の週末に掃除します」


「部屋があまり整理されていない」という指摘は、ほとんどの場合、当たります。あなたにだって心当たりがあるはずです。「あまり」という表現は漠然としていますから、掃除をしていても、誰だって「まあ、完全に整理ができていない部分も確かにあるし……」と思ってしまいやすいのです。

しかし、このニセ占いの会話のポイントは、その次の部分にあります。

「それがいけないのです。まず、必ず部屋をきれいにしてください。無駄なものは思い切って捨ててしまってください……整理整頓して、部屋の気の流れをよくすると、あなたには運命の出逢いが訪れます」という部分です。

この中にある「コンシャス＝アンコンシャス・ダブルバインド」にお気づきでしょうか？

「部屋を掃除する」「整理整頓する」というのは、意識でできること、つまりAです。これは分かりやすいでしょう。

しかし、Bはどうでしょうか？　ここでコールドリーダーが言っている、「運命の出逢いが訪れる」というのは確かに意識ではどうしようもありませんが、潜在意識を活性化することで何とかなるものなのでしょうか？　Bになり得るのでしょうか？

実は、この「運命の出逢いが訪れる」というのが、確かにBになる。つまり、「部屋を掃除する」というAを完結した時点で、潜在意識の中でこのBが動きはじめるのです。

相手に「ズバリ当たった！」と錯覚させるテクニック

たとえば、あなたが車を買おうとしていて、「プジョーなんかいいかなあ」と考えているとします。そうすると、街を歩いていても、やたらにプジョーばかりが目につくようになります。人によっては、「やっぱりこれはプジョーを買うべきだという啓示に違いない」などと感じてしまうこともあるかもしれません。

それと同じで、「運命の出逢い」を自分のほうから積極的に見つけようとする動きが潜在意識の中で動きはじめれば、「ああ、これこそが占い師の言っていた運命の出逢いだ！」

と感じてしまう可能性がグッと高まるということです。

「部屋を掃除する」というAを完結した時点で、意識では忘れていても、潜在意識の中では、「運命の出逢いが訪れるはずだ」という注意力が増大します。そして、普段なら見逃してしまうようなちょっとしたことにも、「あ、これが運命の出逢いかもしれない！」と敏感に反応しやすくなるのです。

さらに、コールドリーダーの言っている「運命の出逢いが訪れる」というのは、いかようにでも解釈が可能な表現です。魅力的な異性との出逢いかもしれないし、好意的なお客さまとの出逢いかもしれない。あるいは、「感動できる本や映画との出逢い」というふうにも受け止められないこともない。

コールドリーダーは、ニセ占いの最後に「予言」をすることが多いのですが、「コンシャス＝アンコンシャス・ダブルバインド」を使うことで、その予言にちょっとでも近い出来事が起こったときに、「ズバリ当たった！」と思わせることができるのです。

「意識でできないこと」「頑張っているんだけどできないこと」をさせるには、まず、「意識でできること」をやらせて、その成果を「意識ではできないこと」に結びつけること。

これが「コンシャス＝アンコンシャス・ダブルバインド」のポイントです。

「ジンクス」は潜在意識を活性化させる

赤いパンツをはいて挑めば、ホームランが打てる——。

前日に○○亭のとんかつを食べると、リラックスして記録が出せる——。

試合に出る前に、ある決まった動作をすると、集中できる——。

トップ・アスリートほど、ジンクスを信じて実践しているという事実は、普通に考えると不思議な気がします。実力も経験も申し分のないスポーツ選手が、そんな迷信に頼る必要があるだなんて——。

しかし「コンシャス＝アンコンシャス・ダブルバインド」の観点から考えれば、これは決して迷信ではなく、潜在意識的に意味のあるものだということが分かるはずです。

「赤いパンツをはく」「とんかつを食べる」というのは、意識でできる行為、つまりAです。これをすることによって、潜在意識を活性化させ、「ホームランを打つ」「リラックスして記録を出す」などという意識だけではどうしようもない不確定要素、つまりBの可能性を高めることができるのです。

「ホームランを打つぞ」「リラックスして記録を出すぞ」といくら頭で考えても、それは意識レベルへの働きかけにすぎないので、効果的とは言えません。努力逆転の法則などと言われるように、そんなふうに意識すればするほど緊張して逆効果になってしまうことのほうが多いでしょう。

それよりも、ジンクスと承知の上で、赤いパンツをはいたり、とんかつを食べたりするほうが、ずっと無理なく潜在意識を動かすことができるのです。

もちろん、ジンクスだけに頼ればいいと言っているのではありません。スポーツ選手たちも、人一倍の努力を積んでいます。

でも、その努力の成果を、試合の場でより効果的に発揮するために、ジンクスが重要な役割を担っているのです。

「自己暗示」は、こんなに簡単にできる

これは、あなたの自己暗示の技術としても使えるはずです。

チームマネジメントにおいて、非常に望ましい結果を出すことができたら、それを、た

またうまくいったひとつの体験として終わらせずに、「その結果を出す前に何をしたか?」ということを思い出してみるのです。仕事そのものとはまったく関係ない、些細なことのほうがいい。たとえば、「その日はストライプのネクタイをしていた」とか「その日は、いつもと違う道を通って出勤した」「その日は、売店のおばちゃんに挨拶した」など。

そのことと仕事上の成果とは、本当はまったく因果関係はないでしょう。それでもあえて、結びつけてしまうのです。「ストライプのネクタイをしているときには、いい結果が出るはずだ」とか「朝、誰かに笑顔で挨拶すると、その日は調子がいい」などと、遊び感覚で無邪気に信じ込んでしまいます。

「頑張るぞ、頑張るぞ」「うまくいく、きっとうまくいくぞ」と意識の中だけで無駄に気張るよりも、すっとジンクスに任せてしまえば、リラックスもできるし、その分だけ気負わずに仕事に挑めるはずです。

不必要に気張ることがなくなるからこそ、少なからず成功に結びつくことになるでしょう。そして、そのような「裏づけ」体験を重ねることによって、「コンシャス=アンコンシャス・ダブルバインド」がより強化されていきます。そうなると、ジンクスはもはやジンクスではなく、潜在意識的に、実際的に意味のある関連になるのです。

いかに褒めて育てるか、叱って育てるか

相手によって褒め方、叱り方を変える

チームマネジメントにおいて、「メンバーは叱って育てるべきか？　それとも褒めて育てるべきだろうか？」という議論が決まって出てきます。

しかし、大切なのは、「叱るべきか／褒めるべきか」ではなく、「叱り方」「褒め方」です。ただ褒めればいいというものでもないし、何でも叱ればいいというものでもない。

それぞれのメンバーがベストパフォーマンスを発揮できるような指導をすることが必要なのであって、そのためには、メンバーひとりひとりに合った褒め方、叱り方をしなくてはなりません。

あなたが言った褒め言葉によって、あるメンバーは非常にヤル気を出してくれるようになった。でも、まったく同じ褒め言葉を別のメンバーに言うと、すっかりヤル気をなくしてしまう。そういうこともあるのです。

たとえば、「君が頑張ってくれたおかげで、本当に助かったよ。みんなも感謝しているよ」とねぎらいの言葉をかけたら、たいていの部下は喜ぶでしょう。でも、これで気分を害する部下もいるということは、見逃されがちです。

それぞれ異なる感受性をもつメンバーたちをまとめ、最高の結果を出すのがリーダーの役割。つまり、メンバーひとりひとりの感受性を把握してはじめて、褒めることもできるし、叱ることもできます。野球の監督に似ています。監督であれば、それぞれの選手の特性に合わせた采配をするはずです。

勘や経験だけではチームを引っ張れない

そのため、様々な性格分析や個性分析の手法がマネジメントに取り入れられることが少なくありません。メンバーを、いくつかのタイプに分けて、それに基づいて褒め、叱り、指導する。

あなたも、研修などで勉強したことがあるはずです。

しかし、ひとつ質問させてください。

あなたは、日々の仕事の中で、本当にそのタイプ分けを活用していますか？

メンバーを十タイプ、九タイプ、八タイプに分けて、本当にそれぞれの個性を意識しながらチームマネジメントをしているでしょうか？　いや、四タイプや三タイプに分ける方法ですら、現実には活用しきれていないのではないでしょうか？

じっくりと腰を据えて人材マネジメントの計画を練るような場合なら、これらの手法は役に立つでしょうけれど、今のビジネスには、一瞬一瞬のリアルタイムでの適確な判断が求められます。

また、人は状況や気分によっていろんな面を出してきます。あるメンバーがいつも同じ考え方、感じ方、振る舞い方をするとは限らない。つまりメンバーを指導する場合にも、彼らのリアルタイムの変化に対応していかなくてはならないのです。

自律的な組織を動かしていくリーダーにとっては、あらかじめ準備した指導方針だけに基づいてチームをマネジメントすることなど、できるはずはありません。

せっかく勉強した性格分析も、自然に埃をかぶり、やっぱり自分の勘や経験に頼るしかなくなっている。それが現実なのではないでしょうか？

しかし、勘も経験も、実績を積まなくては身につきません。そして、最初から実績のあるリーダーなどいません。ということは、最初は、勘や経験にも頼れないことになります。

だから、もっと簡単で、もっと柔軟なタイプ分けが必要なのです。

究極の「部下の性格分析」～Ｍｅタイプ＆Ｗｅタイプ

部下はたったふたつのタイプ分けで十分

私が提唱する手法では、ＭｅタイプとＷｅタイプという、たったふたつのタイプにメンバーを分けます。

「複雑な人間をたったふたつのタイプで処理しようだなんて、大雑把すぎる」と言われることがあります。しかし、どんな場合にも、シンプルなツールほど柔軟性があって実用的なものです。何よりも、たったふたつならば、すぐに覚えられ、すぐに活用できるというメリットがあります。

Ｍｅタイプ／Ｗｅタイプとは別の話ですが、たとえば、あなたはメンバーに話をするときに、そのメンバーが男性か女性かで、言葉の使い方や距離の取り方も変えるはずです。男性に対する場合には肩を叩いて励ますけれども、女性だったら身体に触れるのは少し控えめにするでしょう？　女性の部下に対しては優しい口調で話しかけるけれども、男性の部下にはもうちょっと厳しい言い方ができるかもしれない。

男性／女性というふたつのタイプだけだとしたら、とくに意識しなくとも、あなたは自然に使いこなせているはずです。

それと同じように、Ｍｅタイプ／Ｗｅタイプというたったふたつのタイプであれば、現在の仕事に余分な負荷をかけず、今すぐにチームマネジメントに活用することができるのです。

「私」重視か、それとも「私たち」重視か？

しかも、これからお話しすることを素直に読んでいただければ、暗記しようとしなくても、自然とこのふたつのタイプの考え方が身につくはずです。

もちろん、実際には、このふたつのタイプの間には無限のグラデーションがあります。

完全にWeタイプの色が強く出ているメンバーもいれば、ややMeタイプに近いWeタイプもいます。

しかし、どんな場合にも、「こいつは、どちらかというとMeタイプに近い傾向があるな」とか「ややWeタイプ的な性格が強いな」というように読むだけでいい。そして、Meタイプ／Weタイプのいずれかに合わせた方法で褒め、叱り、指導すればいいのです。

Meタイプは、その名前のとおり、「私」を中心に考え、感じ、行動します。

Weタイプは、お察しのとおり、「私たち」を中心に考え、感じ、行動します。

タイプの名前がすべてを語っているわけですから簡単です。

Meタイプのモチベーションは「自己実現」

「私」を重視するタイプだけあって、Meタイプの仕事に対するモチベーションは、「自己実現」です。自分を追求するのが好きなのです。

だから、エンジニアや職人、弁護士、会計士などといったスペシャリストは、たいていMeタイプです。仕事に自己実現を求めるだけあって、プライドが高い。

したがって、

「この仕事は簡単だから、サクッとやっちゃってくれ」

などと言われると、どうしてもヤル気が起きません。「簡単な仕事だったら、他のヤツにやらせてくれよ。オレがやるまでもないだろう」と心の中では反発を感じてしまうのです。

逆に、

「この仕事は、どう考えても君にしかできないんだ。他のヤツらじゃあ無理だ」

と言われると、「我」を刺激されてムードが盛り上がってきます。「よし、ここでオレの実力を見せてやれ！」という気持ちになる。

「私」を重視するあまり、反面では、自己中心的になってしまう傾向もあります。他のメンバーと協調してやっていくということには、あまり関心がないし、苦手です。チームワークよりも、個人プレイのほうが性に合っているのです。

また、上からこと細かく指示されることも嫌います。Ｍｅタイプには、大まかな指針だけ与えてやって、具体的なアクションは自分で決めさせて、実行させるのがいいのです。

「私」を重視するということの意味をもう少し掘り下げて考えてみると、Ｍｅタイプのもうひとつの特徴が見えてきます。

それは、「論理型」だということです。

人に頼ったり、指示されたりするのが嫌いなMeタイプにとっては、当然、自分の頭脳だけが拠り所になるはずです。だから、論理的な傾向が強くなるのです。

理屈っぽいし、頭で納得できないことは信じないというところがあります。だから、Meタイプに何かを伝えるときには、論理的に、秩序立てて話すことが必要です。また、理屈重視だから、仕事についても、「好き嫌い」よりも「損得」でヤル気が決まることが多いのです。


Meタイプは、「自己実現を重視（＝我が強い）」「論理型」「損得で動く」

Weタイプのモチベーションは「人の役に立ちたい」

一方、「私たち」を重視するWeタイプにとっては、「人の役に立つこと」こそが仕事のモチベーションです。チームが仲良く協力し合って仕事をすることが、このタイプにとっては理想となります。

だから、Ｗｅタイプは、看護師や教師、営業などといった、直接人と触れ合うことの多い仕事のほうがしっくりくるし、そういう仕事を選びます。

Ｗｅタイプは、「この仕事は、どう考えても君にしかできないんだ。他のヤツらじゃあ無理だ」と言われると、Ｍｅタイプと反対で、不安になります。「私たち」が考え方のベースにあるから、「君にしかできない」などと言われると、自分だけが孤立したようで怖くなるのです。

「忙しいところ、つまんない仕事で悪いね。助かるよ」と言われると、難しい仕事の責任を負うこともないので気持ちも楽になるし、「助かるよ」と感謝されることでやりがいを感じます。

「私たち」を重視するあまり、反面では、他人に依存しすぎてしまったり、自分の意見が希薄である傾向もあります。

とくに重い責任を負わされてしまうと、プレッシャーでつぶれてしまうことも少なくありません。チームの役に立ち、チームに支えられてこそ、力を発揮できるのがＷｅタイプなのです。

また、上司や先輩、同僚から、いろいろとアドバイスをもらうことが励みになります。理屈っぽい助言よりも、「こんなときには、たとえば、こうしたらいいよ」という具体的なアドバイスが効果的です。

「私たち」を重視するということの意味をもう少し掘り下げて考えてみると、Ｗｅタイプのもうひとつの特徴が見えてきます。

それは、「体感型」だということです。

自分だけが孤立するのではなく、人との「触れ合い」の中で仕事をしたいＷｅタイプにとっては、頭脳よりは体感が拠り所になります。

だから、ものごとを理解したり、判断したりするときにも、体感やフィーリングを大切にするのです。

理屈よりもフィーリング。だから、Ｗｅタイプに何かを伝えるときには、内容そのものよりも、温かく包み込むような感情をもって話すことのほうが重要です。また、フィーリング重視だから、仕事についても、「損得」よりも「好き嫌い」でヤル気が決まることが多いのです。

Ｗｅタイプは、「人の役に立つことを重視（＝依存的）」「体感型」「好き嫌いで動く」

「隠れＭｅタイプ」へは、こう対応する

たったふたつのタイプですから、これ以上シンプルなものはないはずですが、それでも判断に迷うことが少なくないようです。

私はこのＭｅ／Ｗｅタイプの手法を、もう十年も前から教えてきましたが、今でも「やっぱりあれはよく分からない」と言われることがあります。

これほどシンプルなのになぜ混乱してしまうのかというと、Ｍｅタイプ／Ｗｅタイプの特徴がストレートに表に出ずに、内側に向かってしまっていることがあるからなのです。

分かりやすく説明します。

Ｍｅタイプというのは、「私」を重視するから「我が強い」ということはお分かりいただけたと思います。そうなると、Ｍｅタイプは仕事に関してはかなり自己主張が強いのが

普通です。

しかし、この「私」を重視するという特徴が、外に出ずに、自分の内側に向けられた場合にはどうなるでしょう？

その場合には、「自意識過剰」とか「対人緊張」というかたちになって表れてしまうのです。

「私」に対してプライドをもちながらも、経験不足や能力不足のために、その実力を発揮できないとします。そうなると、「自分はダメだ」という自己嫌悪感が必要以上に強くなってしまい、自信を喪失してしまうのです。

そうなると、Ｍｅタイプでありながら表面的には押し出しの少ない大人しい印象に見えますから、「こいつは他のメンバーとの協調を大切にするＷｅタイプに違いない」とつい見誤ってしまうのです。

しかし、その人も本来はＭｅタイプですから、心の底には「本当はオレが一番だ」というＭｅタイプ的な我の強さが隠れています。だから、Ｗｅタイプ的に指導されると、反発したり、うまく機能しなくなることがあります。

「私」が内側に向いているこのタイプを、俗に「隠れＭｅタイプ」などと私は呼んでいます。

本質的にはMeタイプの感受性をもっているので、このタイプに対しては、やはりMeタイプに接するように指導すべきなのです。

「隠れWeタイプ」へは、こう対応する

Weタイプの中にも、非常に押し出しが強く、自己中心的に見える人がいます。自己中心的な性格ならばMeタイプに違いないと誤って判断してしまうことが少なくないのです。

周囲との一体感を大切にするというWeタイプの特徴があまり強く出すぎると、「私が感じているのと同じようにみんなも感じているに違いない」と勘違いをしてしまうことがあるのです。それが自己中心的な態度に見えてしまうのです。

本来はWeタイプなので、わがままに見えるその態度も、「自分が嬉しいと思うことは、人も嬉しいと思うはずだ」と感じて、人に対してもよかれと思って行動をしているだけなのですから、一概に自己中心的と決めつけるわけにはいきません。

当然、このタイプには、我を刺激するというMeタイプ向けのアプローチではなく、チームワークにポイントを置いた説得の仕方を試みるべきです。

「私たち」があまりにも強く出すぎてしまうこのタイプを、俗に「隠れWeタイプ」と私は呼んでいます。

表面に出ている特徴よりも、「何がその特徴を際立たせているか?」ということを見極められれば、Meタイプ/Weタイプを間違って判断してしまうことはないはずです。

Ｍｅタイプ、Ｗｅタイプを判別するポイント

《チェックテスト》15の質問でＭｅタイプ、Ｗｅタイプを判別

もちろん、誰の中にもＭｅタイプ的な部分とＷｅタイプ的な部分の両方があります。決して、血液型のようにはっきりと線引きができるものではありません。右利きの人でも左手を使うのと同じようなものです。

Ｍｅタイプの人でも、時と場合によってはＷｅタイプ的な面が出てくることもある。その逆もしかりです。あくまでも、人の心という流動的なものを捉えるための、ふたつの極と考えてください。

それでもやはり、大切な作業をするときには、右利きの人は右手をメインに使うし、左

利きの人は左手を主に使います。心も同じで、ＭｅタイプとＷｅタイプの両方の特徴を内在しているとはいえ、やはりどちらかがより色濃く表面に出ているものです。

それぞれのメンバーがどちらのタイプに近いかを知っておくことで、リーダーとしての仕事はグッと楽になるはずだし、マネジメントの効率も上がり、トラブルも少なくなります。

しばらく一緒に仕事をしてみれば、メンバーの性格も分かってくるし、Ｍｅタイプ的かＷｅタイプ的かも、大まかには判別できるでしょう。

新しいメンバーをマネジメントするときや、まだそれほどメンバーの人となりを知らない場合には、次の「タイプ判別テスト」をメンバーにやらせてみるのも手です。

最近は、心理テストブームだそうですから、遊び感覚でやってもらうことで、これをきっかけに心を開いてくれることもあるでしょう。

《チェックテスト》

それぞれの質問について、ＡかＢ、自分に当てはまると思うほうに○をつけてください。

どちらか判断がつかないという場合には、「あえて選ぶとしたらどっちだろう?」と考えてみてください。

●質問① 両手の指を組んで握ると……

A．左の親指が上になる。

B．右の親指が上になる。

●質問② 人と並んで歩くとき、どちら側に相手がいたほうが楽？

A．あなたの右手側。

B．あなたの左手側。

●質問③ 怪我（捻挫など）をするのはどちらかというと……

A．左半身のほうが多い。

B．右半身のほうが多い。

●質問④ 子供の頃、親に自分の気持ちを……

A．素直に言えた。
B．言えなかった。

●質問⑤ 子供の頃、家に親の友達が……
A．よく遊びに来ていた。
B．あまり来なかった。

●質問⑥ 犬か猫、もし飼うなら……
A．犬がいい。
B．猫がいい。

●質問⑦ 落ち込んでいるときには……
A．誰かに話を聞いてほしい。
B．ひとりにしておいてほしい。

●質問⑧　子供（自分の子供以外）と一緒にいるのは……

A．けっこう好き。

B．ちょっと苦手。

●質問⑨　グループの中で発言することは……

A．別に抵抗がない。

B．緊張してしまうからできるだけ避けたい。

●質問⑩　友達の友達に紹介されたとき……

A．わりとすぐに打ち解けてリラックスして話ができる。

B．相手が自分のことをどう思っているか意識しすぎてしまう。

●質問⑪　お腹の調子は、どちらかというと……

A．どちらかというと便秘気味。

B．どちらかというと下痢気味。

●質問⑫ 友達の数は、どちらかというと……
A．多いほう。
B．少ないほう。

●質問⑬ どうしたらいいか迷ったとき……
A．あれこれ考えるよりも、まずは行動してみる。
B．じっくり考えて、納得してから行動する。

●質問⑭ スポーツをするなら……
A．団体競技が向いていると思う。
B．個人競技が向いていると思う。

●質問⑮ 恋人と……
A．人前でもイチャイチャしていたい。

Ｂ．イチャイチャはふたりっきりになるときまで取っておく。

《テスト結果の出し方》

すべての質問にもれなく答えたかどうか確認してください。どうしても答えられない質問があったなら、女性なら「Ａ」、男性なら「Ｂ」のほうに○をつけてください。

さて、Ａを選んだ数と、Ｂを選んだ数を比べてみてください。

・Ａの数が多い人は、Ｗｅタイプ
・Ｂの数が多い人は、Ｍｅタイプ

数の差が多ければ多いほど、そのタイプの傾向が強いということです。たとえば、Ａが十二個でＢが三個なら、かなりＷｅタイプの傾向が強い。Ａが七個でＢが八個だとしたら、マイルドなＭｅタイプと考えてください。

それぞれのメンバーのタイプの予想がついたら、それをチームマネジメントの実際にどう活用したらいいのか？　これから説明していきましょう。

タイプ別「仕事の指示の与え方」と「褒め方」「叱り方」

「理屈が先か、行動が先か」で指示する

Ｍｅタイプは、論理型ですから、仕事をするのでも「考えてから行動するタイプ」です。

一方、Ｗｅタイプは体感型ですから、「行動しながら考えるタイプ」です。

「考えてから行動する」Ｍｅタイプは、一応すべてを頭の中で納得してからでないと動こうとしません。「どうしてそれをする必要があるのか？」「このタスクは、プロジェクト全体の中でどういう意味をもつのか？」などということが分からないうちは、モチベーションが湧かないのです。

一方、「行動しながら考える」Ｗｅタイプは、理屈よりも行動が先に来ます。とりあえ

ず自分でやってみて、ひとつひとつ「ああ、そういうことか」と体験しながらでないと前に進めない。理念的に説明されても、自分でやってみないうちには頭に入っていきません。たったこれだけの違いを考えてみても、リーダーの指導の仕方がまったく異なることが分かるでしょう。

Ｍｅタイプに指示を与えるときには、「とにかく黙ってやりゃあいいんだ」という気持ちで接したら、絶対にうまくいきません。頭で納得しないと動かないから、腰を上げるまでには時間がかかるけれども、いったん納得できて動き出せば、仕事そのものは効率的にこなすし、達成するのも早い。

Ｗｅタイプに指示を与えるときには、理屈で説こうとしたら逆効果です。それよりも、「とりあえずこれをやってみな」と言って体験させてみる。そして、体験を通じて理解させるのです。そのため、仕事の進め方はゆっくりとしたものになります。決して怠けているわけではない。一歩一歩着実に自分のものにしながら進んでいくタイプなのです。急かすとうまく機能しなくなってしまいます。

・Ｍｅタイプに仕事の指示を与えるときは、まずはその仕事の意味・役割を理屈で

納得できるように説明する。それから行動させる
・Weタイプに仕事の指示を与えるときは、「とりあえずこれをやってみてくれ」と、まずは行動させてみる。それから考えさせる

「Meタイプ」を褒めるポイント

Meタイプは、心の底では、「自分が一番エライ」と思っているところがあります。だから、たとえば、

「君の仕事を私は評価しているよ」

というような言い方をすると、

「オレを評価するだと？　何様のつもりだ」

という反感を買うことすらありうるのです。Meタイプを褒めるポイントは、「尊敬」です。リーダーであっても、優秀な部下を尊敬することがあってもいいはずです。

「今回の君の仕事は素晴らしかったよ。君の才能は、本当に尊敬に値するよ」

「君がベストだ。他の誰とも違う」

「こんな斬新なアイディアは他のヤツには絶対に出せない。さすがだよ」

という言い方をすることで、Ｍｅタイプの「我」を刺激することができます。

Ｍｅタイプを評価するときには、

「○○さんが褒めていたよ」

というような言い方をすると、たいていの場合、マイナスになります。その言い方の中に「○○さんのほうが、君よりも優れている」という意味がサトルティとして隠されているからです。誰かを評価できるのは、その人の上に立つ者だけだからです。

このニュアンスが、Ｍｅタイプには不愉快に響くことが多いのです。

そこまでひねくれていなくても、Ｍｅタイプにとっては、他人の評価よりも自分が納得できるかどうかが重要。だから、Ｍｅタイプに対しては、他の人を引き合いに出さないほうが無難なのです。

「Ｗｅタイプ」を褒めるポイント

Ｗｅタイプの仕事に対するモチベーションは、「人の役に立つこと」です。

だから、

「これで給料が上がるな」

「他の連中よりも一歩先に出世だ」

などという言い方は、マイナスに響きます。こういう言い方をすると、調和を大切にするWeタイプにとっては、いい仕事をして仲間より抜きん出ることがズルいことのように感じてしまうからです。

また、Meタイプの場合には効果的だった「君にしかできない」という褒め方は、Weタイプには望ましくありません。ひとりだけ孤立したようで不安になってしまうからです。

Weタイプを褒めるポイントは、「感謝」です。

「君が頑張ってくれたおかげで、本当に助かったよ。みんな感謝しているよ」

あるいは、「助けてほしい」という言い方で、Weタイプをヤル気にさせることができます。

「今日のプレゼンテーションは本当によかったよ。これからも助けてくれよな」

Weタイプを評価するときには、Meタイプのときとは違って、

「○○さんが褒めていたよ」

というセリフも効果的です。人とのつながりを大切にするＷｅタイプには、人から評価してもらえることに喜びを感じられる素直さがあるからです。

・Ｍｅタイプを褒めるポイントは、「尊敬」「君がベストだ」と我を刺激すること
・Ｗｅタイプを褒めるポイントは、「感謝」「これからも助けてほしい」と人との触れ合いを強調すること

「Ｍｅタイプ」を叱るポイント

Ｍｅタイプには、感情を交えずに論理的に叱り、期待すること。

Ｍｅタイプは、怒りに任せて叱りつけられると、反省どころか完全に反発します。言葉に出して反発する度胸のないメンバーなら、黙って辞めてしまうことでしょう。Ｍｅタイプは、仕事でも恋愛でも、相手が自分のことを理解してくれないと思ったら、クールに関係を断ち切ってしまうところがあります。

Ｍｅタイプを叱るときには、叱る前に、本人の言い分にも必ず真剣に耳を傾けてあげる

こと。その上で、指導すべき点を、感情を交えず論理的に説明します。

基本的には、

「君自身がよく分かっていることだから、多くは言わないよ」

と最後は相手に期待する言葉で締めくくります。

「Weタイプ」を叱るポイント

Weタイプには、優しい口調で感情にアピールしながら叱り、応援すること。

Weタイプは、「なぜ叱られているのか？」という理由よりも、叱っている人の声や表情の雰囲気を敏感に感じ取ります。つまり、リーダーのあなたがWeタイプのメンバーを叱る場合には、「叱る言葉そのもの」よりも、「どんな感情をもって叱るか」がすべてなのです。

したがって、Weタイプを叱る場合には、優しい母親が子供を諭すように愛情をもって叱ること。これが絶対に必要です。

そして、「どこが悪かったか」と、理屈をくどくど並べて過ちに気づかせようとするよりも、「これからは、こうしてくださいね」と具体的にどうしてほしいのかを端的に言うこと。長いお説教は禁物です。

最後は、いつでも力になるから相談においで、と応援で締めくくります。

- Meタイプには、感情を交えずに論理的に叱り、期待する。どこが悪かったか、どう改善したらいいかは、本人に考えさせる
- Weタイプには、優しい口調で感情にアピールしながら叱り、応援する。何が悪かったかではなく、「これからはこうしてほしい」ということを端的かつ具体的に

あなた自身のリーダーとしての器を大きくする！

「Meタイプ」と「Weタイプ」を組み合わせる

チームの中で、コンビを組ませるのであれば、MeタイプとWeタイプを組み合わせるようにするとうまくいきます。

Meタイプ同士、Weタイプ同士ではうまくいきません。

Meタイプ同士だと、お互いの「我」がぶつかり合って、建設的なアイディアや行動を生み出すどころか、「お互いを否定し、つぶし合う」というネガティブな争いになりかねないからです。

また、Weタイプ同士ですと、ムードはいいのですが、お互いが相手を尊重するあまり、ビジネスとしての方向性や具体的なアクションに結びつかないということが起こります。

Ｍｅタイプには自己中心的、Ｗｅタイプには優柔不断という欠点があり、同じタイプ同士を組み合わせると、残念ながら、お互いの欠点を増幅してしまうことが多いのです。

ＭｅタイプとＷｅタイプを組み合わせて、Ｍｅタイプが全体のプランを練り、Ｗｅタイプがそれを実践して検証するというフォーメーションが取れれば理想的です。

Ｍｅタイプは頭で考えることは得意でも、いったん頭の中で出来上がってしまうともう飽きてしまうところがある。Ｗｅタイプは頭で理念的なプランを作るのが苦手でも、Ｍｅタイプの作ったプランを着実に実行することでそのプランに命を吹き込むことができます。

また、Ｍｅタイプの我の強さを、Ｗｅタイプの心の広さが包み込む。Ｗｅタイプの優柔不断さに、Ｍｅタイプが明確な方向性を与えます。

そんなふうに、お互いの長所を活かし、お互いの短所を補うことができるのです。

チーム全体のタイプを見極める

会議でも、あまり活発に意見が出なかったり、堂々巡りをしてしまうようなときには、

Ｍｅタイプの強いメンバーを何人か投げ込むことで、議論に拍車がかかります。

意見がぶつかり合うばかりで、まとまりに欠けるようなときには、Ｗｅタイプの強いメンバーを増やすことで、会議に調和をもたらすことができます。

要するに、リーダーのあなたは、「チーム全体の性格」がＭｅ的になっているか、Ｗｅ的になっているかと見ることができます。メンバー個人のタイプではなく、チームのタイプとして考えてみるのです。

そう考えると、何が足りないか、何が多すぎるか、ということが見えてくるはずです。

もし、チームそのものが優柔不断に陥っているとしたら、Ｍｅタイプのメンバーを増やすようにしてみればいいし、チームそのものが排他的になっているとしたらＷｅタイプのメンバーを増強してみればいい。

もちろん、すぐに新メンバーを雇えなかったとしても、メンバーの配置を変えるだけでも対処できるはずです。

また、「どういう人材が必要か」ということが明確だと、次にメンバーを雇用する際にも、効率的な面接もできるでしょう。

自分がどちらのタイプかも知る

チームメンバーを導くためのＭｅタイプ／Ｗｅタイプのお話をしてきましたが、リーダーであるあなた自身のタイプを意識することも大切です。

ある中小企業の社長が、こんなことを言っていました。

「年初の決起総会で、『今年は、全社一丸となって頑張っていきましょう！』と檄《げき》を飛ばしたんですよ」

その社長はもちろん、Ｗｅタイプだったわけです。自分にピンとくるメッセージの伝え方をすれば、自分と同じ感受性をもつ社員には響くけれども、別のタイプの感受性をもつ社員には伝わりません。

「社長、その言い方ですとね、たぶん、半分の社員はヤル気を出すだろうけれど、半分の社員は冷めてしまいますよ」と私が言いますと、よく分からないという顔をしていました。

自分の感性に合った指導の仕方をしてしまっていながら、それがベストだと思っている。そのことに気づかないリーダーが多いのです。

大切なのは、リーダーであるあなたのメッセージを、「あなた自身がどう感じるか?」ではなく、「メンバーにどう受け止められるか?」なのです。

今の例の社長のメッセージの伝え方だと、Weタイプの社員は、「よし、頑張ろう!」と思ってくれるかもしれない。でも、Meタイプの社員は、「『一丸となって』って、具体的にはどういうことだよ? 何をしろって言うの? まったくうちの社長は雰囲気だけだから、うんざりしちゃうよ」とすら感じてしまいかねないのです。

逆に、この社長がMeタイプだったなら、きっとこんな言い方をしたでしょう。

「今年は、各営業部間でのやりとりを緊密に取ってやっていってもらいます。週に一度は、全営業部でミーティングを開いて、無駄のないオペレーションをするように徹底してください」

これですと、Meタイプにはピンときます。でも、Weタイプにとっては、なんだか事務的で冷たい感じがする。気分が盛り上がらない。だから、メッセージを向ける相手のタイプに応じて、メッセージの伝え方を構成する必要があるのです。

そのチームが、だいたい八割がMeタイプ傾向のメンバーで、二割がWeタイプだとすると、メッセージの内容も、八割は論理的な話をして、二割は感情に訴える話をする。そういうふうにブレンドすれば、もっとも効率的にメッセージを伝えることができるのです。

自分をメンバーに反発なく受け入れてもらうには？

しかし、現実にはそこまで綿密に話す内容を作り込む必要はありません。

簡単に言ってしまえば、もしあなたがMeタイプ傾向が強いリーダーなら、意識して「感情に訴えるセリフ」を少しだけ増やしてみる。もしあなたがWeタイプ的ならば、情緒に訴えるいつものセリフに、少しだけ「データや論理的な裏づけ」を加えてみるのです。

たったそれだけのことを意識するだけで、あなたのメッセージの伝え方にバランスが取れるようになり、すべてのメンバーに反発なく受け入れられるようになるはずです。

さて、もし、あなたがWeタイプ傾向の強いリーダーであるなら、Meタイプの側近をつけるべきです。

あなたのいつもの温かく情緒的なスタイルは、確かにリーダーとして必要な魅力ではあります。しかし、「雰囲気だけのリーダー」「結局、何を言っているのか分からない」という悪い面を受け止められてしまうこともあるのです。

あなたの考えを論理的に再構築してくれるＭｅタイプの参謀をもち、その意見に耳を傾けることで、あなたのリーダーシップのバランスを保つことができます。

もし、あなたがＭｅタイプ的なリーダーであるなら、もちろん、あなたの参謀はＷｅタイプであるべきです。

Ｍｅタイプのあなたは極めて頭が切れる。反面、論理的、実利的に走りがちで、チームメンバーたちはいつもピリピリしていなければならないムードを強いられることが少なくない。

だから、Ｗｅタイプの側近をもつことで、その意見を聞きながら、自らのバランスを確認することができるのです。

もし、そのような側近をもちえないときにはどうしたらいいでしょうか？

あなたの心の中には、尊敬してやまない偉大なリーダーの存在があるはずです。その人の書いた本や講演などに共感するはずです。そのリーダーは、おそらくはあなたと同じタイプの感受性をもつリーダーであるはずです。

あなたがＷｅタイプなら、温かく情熱的なＷｅタイプのリーダーの話やアドバイスに心酔するはずだし、あなたがMeタイプならば、綿密に戦略を練る頭脳型のMeタイプのリーダーをお手本としているはずです。

それはもちろん望ましいことですが、たまには、あなたとはまったく感性を異にするリーダーの本やセミナーにも心を開き、そのスタイルに自分をなじませてみることで、リーダーとしての器を広げることができます。

同じタイプ同士なら、共感できて当然です。そこに何の努力も必要ありません。どうしても心が反発を感じてしまう違うタイプだからこそ、あなたは多くを学ぶことができます。

冒頭にも述べましたが、リーダーはチームのためにあります。

あなた自身が心地よいかどうかではなく、チーム全体を気持ちよく効率的に機能させることこそ、リーダーのあなたの役割なのです。

おわりに――「心のあり方」が「カリスマ」をつくる

小手先のテクニックでは、人は動かない。結局のところ、リーダーの「心のあり方」が重要なのだ――ということは、しかし、誰もが分かっていることです。

問題は、その「心のあり方」をどうやってつくったらいいのか、ままならない心をどうやってリーダーにふさわしい心に変えていけばいいのか、ということです。

その具体的な方法論が語られることはめったにありません。

リーダーのための「心のあり方」を説いている本やセミナーのほとんどは、読者には再現不可能な著者だけの体験に基づくものだったり、単なる根性論だったり、要するに経験から学ぶものなのだというメッセージにすぎないことが多い。

本書では、その「心のあり方」をつくり上げていくための具体的な方法論を解説しました。

もちろん、これはチームリーダーばかりでなく、この時代を生きるすべての人にとって必要なものです。

意識しているかしていないかは別にしても、この時代は、不安に満ちています。ビジネスばかりではありません。不安を掻き立てられるニュースが報道されない日は、一日たりともありません。

心のあり方というものは、伝播するものです。誰かの不安は、周囲の人たちの不安へと拡がっていきます。

しかし、ひとつの自信もまた、周囲の人たちの自信へと拡がっていきます。チームが自信に満ちたものになるためには、誰かが最初に自信の火をともす必要があります。

その誰かとは、あなたをおいて他にありません。

最後までお読みいただきまして、ありがとうございました。いつかあなたと直接にお会いできる機会がありますことを、楽しみにしております。

石井裕之

カリスマ 人《ひと》を動《うご》かす12の方法《ほうほう》

著　者――石井裕之（いしい・ひろゆき）

発行者――押鐘冨士雄

発行所――株式会社三笠書房

〒112-0004 東京都文京区後楽1-4-14
電話：(03)3814-1161（営業部）
　　：(03)3814-1181（編集部）
振替：00130-8-22096
http://www.mikasashobo.co.jp

印　刷――誠宏印刷

製　本――宮田製本

編集責任者　迫 猛
ISBN4-8379-2206-6 C0030

落丁・乱丁本はお取替えいたします。
＊定価・発行日はカバーに表示してあります。